DISCIPLINA CON AMOR TU TEMPERAMENTO

Sembrando aceptación incondicional en tus relaciones

Rosa Barocio

EL LIBRO MUERE CUANDO LO FOTOCOPIAN

Título de la obra: *Disciplina con amor tu temperamento. Sembrando paciencia, aceptación y compasión en tus relaciones*

Título 1ª edición: *Los temperamentos en las relaciones humanas. Base del crecimiento y el desarrollo personal*

Título 4ª edición: *Conoce tu temperamento y mejora tus relaciones*

Título 5ª edición: *Conocer tu temperamento mejora tus relaciones*

COORDINACIÓN EDITORIAL: Matilde Schoenfeld
PORTADA: Víctor M. Santos Gally
DIAGRAMACIÓN: Ediámac

© 2000 Rosa Barocio, primera edición
© 2002 Rosa Barocio, segunda edición
© 2002, 2003, 2007, 2011, 2014 Editorial Pax México,
    Librería Carlos Cesarman, S.A.
    Av. Cuauhtémoc 1430
    Col. Santa Cruz Atoyac
    México DF 03310
    Tel. 5605 7677
    Fax 5605 7600
    www.editorialpax.com

Sexta edición
ISBN 978-607-9346-23-2
Reservados todos los derechos
Impreso en México / *Printed in Mexico*

Querido lector:

Este es el primer libro que escribí, y como el clava-
dista que una vez que está al borde del trampolín
prefiere no detenerse por miedo a arrepentirse, lo
terminé en un par de semanas. Aunque sabía que
había partes incompletas y otras que necesitaban afi-
narse, como buena colérica-sanguínea, me resistía a
mirar hacia atrás. Ocho años después, me doy a la
tarea de revisarlo.

Es con mucho orgullo que con esta nueva edición, comparto un reflejo de quien ahora estoy siendo. También he preparado un libro de ejercicios
(*Disciplina con amor tus emociones*) diseñado para
profundizar en los distintos aspectos que comprende
el trabajo interno de los temperamentos.

Gracias por tu interés y apoyo.

Rosa Barocio

ÍNDICE

Introducción

Si hubiera sabido que iba a ser tan divertido escribir este libro, lo habría comenzado antes. Una vez que dejamos de tratar de impresionar a otros y nos concentramos en compartir lo que sabemos por experiencia propia, la tarea se vuelve no sólo más fácil sino entretenida.

Tenía diez años como maestra cuando me di cuenta de que durante todo ese tiempo había estado tratando de "homogeneizar" a mis alumnos, o sea, quería que todos fueran iguales: simpáticos y divertidos, pero obedientes y bien portados. Pensaba que todos aprendían de la misma manera y sólo era cuestión de educarlos para que se conformaran al modelo mental que yo tenía de ellos.

Afortunadamente entré en contacto con las enseñanzas del doctor Rudolf Steiner que me abrieron una nueva perspectiva para conocer tanto las similitudes como las diferencias entre los seres humanos para así desarrollar una verdadera empatía. Esta palabra, tan de moda en la psicología actual, se ha convertido en un vocablo de uso diario. "Empatía, ponerse uno en los zapatos del otro". Muy bien, ¿pero cómo lo hacemos? A veces pensamos que somos "empáticos" cuando en realidad, escuchamos al otro pensando que sólo es cuestión de tiempo para convencerlo de que sea o piense como nosotros.

Y ¿cuántas veces no hacemos esto con nuestros hijos o nuestros alumnos? Queremos que se amolden a nuestra manera de ser. Si soy sociable y platicadora, quiero que ellos sean cascabelitos sociales; si soy intelectual o introvertida, quiero que sean estudiosos y callados. Pero nos damos cuenta que no nos lo permiten. Pelean, patean y algunos nos dicen claramente "¡Yo no soy como tú, mamá!" Y, gracias a Dios, los niños de hoy tienen una fuerza y una claridad para defenderse que nos sorprende. ¿Podríamos imaginar lo aburrido que sería el mundo si todos se tuvieran que conformar a nuestras preferencias personales?

Mientras no tengamos una idea más clara de las diferencias básicas que existen entre los seres humanos ¿cómo podemos apreciar y verdaderamente respetar a los demás? ¿Cómo podemos permitir que el otro sea como es, sin querer transformarlo a nuestra propia conveniencia? ¿Cómo puedo aceptarme a mí mismo si no me conozco? ¿Cuáles de mis cualidades quiero desarrollar y cuáles deseo cambiar o transformar?

Si estás interesado en tu crecimiento personal, el conocimiento de los temperamentos puede ser una primera puerta para empezar a contestar estas preguntas que nos acompañan toda la vida. Nos puede ayudar a comprender a la pareja, a los hijos y las amistades. A entender por qué las relaciones son tan complejas: a veces las diferencias nos unen, por ello observamos parejas de las que decimos "pero si son opuestos", y a veces nos separan, "es muy rara, no la entiendo".

El conocimiento de los temperamentos nos facilita la observación de aquello que compartimos y de aquello que nos distingue de otros. Nos abre las puertas para irnos acercando a lo que es el amor incondicional. Ese amor que es consciente, y que como bien dice Red Hawk en su libro, *Self Observation*, tiene límites. Límites naturalmente impuestos por un amor basado en el respeto mutuo, la aceptación, la tolerancia y la compasión. Disciplina con amor tu temperamento se refiere a honrar los límites de cada persona para cultivar relaciones sanas que perduran. Lazos de amor que reconocen la individualidad, respetan las diferencias y se enriquecen a través de una comunicación abierta.

A través de este libro pretendo ofrecerte este medio divertido pero profundo de crecimiento interior. Te invito a dejar atrás el camino viejo y desgastado de desarrollo personal que se apoya en el dolor y el sufrimiento, para transitar por el de la aventura y la creatividad. Apóyate en la alegría, el entusiasmo y el sentido del humor, que es como la levadura que aligera el pan de la vida. Sin sentido del humor, ésta se vuelve pesada y tediosa. Si se observa con cierta distancia encontrarás el hilo divertido que une los pequeños sucesos de la vida diaria. Por ello incluyo anécdotas que te harán sonreír y ejemplos de situaciones que para todos tienen un sabor familiar.

En el capítulo de "El trabajo interno de las emociones" te ofrezco, como apoyo adicional, distintas afirmaciones que te pueden ayudar a cambiar tus creencias equivocadas. Una afirmación es una frase que nos ayuda a enfocarnos en nuestro valor y nuestras capacidades. Son frases positivas que ayudan a desarraigar pensamientos negativos que aparecen en nuestra conciencia y que muchas veces no recordamos ni de dónde vinieron. Puede ser que una frase que escuchamos cuando éramos niños: "¡no sirves para nada!", ahora surja en nuestra conciencia cuando estamos tratando, por ejemplo, de completar un proyecto. Entonces nos sentimos inseguros e incompetentes y saboteamos nuestra creatividad y nuestra eficiencia.

De niños y adolescentes escuchamos muchas veces frases negativas o entretuvimos pensamientos equivocados que se fueron repitiendo una y otra vez hasta que se convirtieron en creencias. Una creencia es simplemente un pensamiento que nos hemos repetido muchas veces. Es así como tenemos creencias equivocadas de nosotros mismos y de nuestra relación con el mundo. Estas creencias están almacenadas en nuestro subconsciente y ahora que somos adultos, surgen cuando menos lo esperamos y nos hacen sentir impotentes frente a los demás.

Para cambiar una creencia necesitamos empezar a entretener pensamientos positivos que nos animen y nos den fuerza. Entonces, cuando titubeamos por ejemplo al querer poner un límite o decir "no" a los hijos y recordamos estas afirmaciones, podemos recuperar nuestra seguridad para hacer lo que consideramos correcto.

Recomiendo que escojas una o dos afirmaciones que más te atraigan y confíes en que éstas serán las que necesitas como apoyo. Yo encuentro que es difícil enfocarme en más de dos, máximo tres, a la vez. Puedes transcribirlas en varios papeles y ponerlas en tu bolso o cartera, en el espejo del baño, en tu escritorio y en el buró al lado de tu cama. En pocas palabras, en cualquier lugar en donde estén constantemente a la vista. Cada vez que las veas, repítelas en voz alta o mentalmente. Si lo haces con frecuencia empezarás a notar que cada vez son más familiares, hasta que se conviertan en parte de ti mismo.

Entre más frecuentemente las repitas, más rápido y seguro será el proceso.

Estas afirmaciones te pueden servir para sanar tus miedos e inseguridades y ayudarte a adquirir la fortaleza y la decisión que necesitas para tomar las riendas de su vida.

A lo largo del libro encontrarás indicaciones de los temas correspondientes al libro de ejercicios que complementará esta lectura. Cuando veas el signo ☛ busca el ejercicio en el libro *Disciplina con amor tus emociones*.

Recomendación importante:

Responde el test de temperamentos que aparece en la página xiv o en el libro de ejercicios antes de continuar con la lectura.

Este test sive para ayudarte a encontrar tu temperamento primario y secundario. Para que el resultado sea objetivo recomiendo que lo contestes antes de continuar con la lectura del libro.

El test consta de cuatro páginas, de las cuales deberás escoger un total de 20 atributos que consideres te definen mejor. Eso significa, por ejemplo, que quizá de la primera página escojas 6, de la segunda 8, de la tercera 4 y de la cuarta, sólo 2. Después se multiplica por 5 el número total de atributos elegidos por página. El resultado representa el porcentaje de cada temperamento en tu persona; en el ejemplo que dimos, será 30% de la primera página, 40% de la segunda, 20% en la tercera y 10% en la última. Si marcaste 20 atributos, el total sumará 100%.

Conforme avances en la lectura, podrás identificar y marcar el temperamento representado en cada página.

Es muy importante que elijas los atributos que creas te describen mejor, y no las cualidades que desearías tener. ¿Por qué les hago esta aclaración? Porque al realizar este test con algunos familiares, me sorprendió la renuencia que mostraron algunos para aceptarse como "mandones, vanidosos o superficiales", a pesar de la insistencia de sus allegados. Y en otro grupo, una mujer rehusaba llamarse "intolerante" aunque su mejor amiga se lo hacía notar. Esto ocurre porque a veces nos resistimos a aceptar nuestros defectos, aunque para los demás sean más que evidentes. Algunos defectos nos incomodan o nos avergüenzan a tal grado que hasta nos enoja que otros se atrevan a insinuarlos.

Si después de responder el test, no te satisface el resultado, te recomiendo compartirlo con familiares o amigos que te conozcan bien, para que te ayuden a verificar tus respuestas.

Quizás sería bueno recordar que el primer paso para cambiar aquello que no nos gusta de nuestra persona es reconocerlo. No es posible transformar lo que aún no vemos. Así que recuerda: entre más honestas sean tus respuestas, más acertados serán los resultados y el test tendrá entonces, mayor utilidad.

TEST DE TEMPERAMENTOS

Entre estas páginas deberás elegir las 20 características que mejor te describan.

Importante: No elijas lo que quisieras ser, sino lo que eres, con honestidad, aunque no te guste la característica.

Con frecuencia soy:

O Inquieto/nervioso	O Alegre
O Sociable	O Inconstante
O Disperso/distraído	O Vanidoso
O Divertido/simpático	O Poca atención
O Parlanchín/chismoso	O Superficial
O Despilfarrado	O No termino
O Adaptable	O Exhibicionista
O Olvidadizo	O Optimista
O Oportunista	O Cuido mi imagen
O Cambiante/flexible	O Muchos intereses
O Imprudente	O Temo envejecer
O Juvenil	O Fiestero

Total= _____

Suma las marcas que hiciste en esta página y multiplica ese número por 5

× 5= | % |

(Éste es el porcentaje que tienes de este temperamento)

TEMPERAMENTO*:_____

*Cuando termines de leer el libro sabrás responder.

NOMBRE: _____

TEST DE TEMPERAMENTOS

Con frecuencia soy:

O Decidido	O Brusco/agresivo
O Enfocado	O Líder
O Apasionado	O Mandón
O Intolerante	O Dominante
O Eficiente/rápido	O Valiente/audaz
O Impaciente	O Arrogante
O Comprometido	O Impositivo
O Enojón/explosivo	O Pienso y actúo
O Visionario	O Violento
O Exigente	O Enfrento conflictos
O Tenaz/necio	O Controlador
O Insensible	O Hablo directo

Total= _____

Suma las marcas que hiciste en esta página y multiplica ese número por 5

× 5= | %

(Éste es el porcentaje que tienes de este temperamento)

TEMPERAMENTO*: _____

*Cuando termines de leer el libro sabrás responder.

TEST DE TEMPERAMENTOS

Con frecuencia soy:

O Indeciso	O Me victimizo
O Reflexivo/profundo	O Rencoroso
O Depresivo	O Manipulador
O Detallista	O Romántico
O Servicial	O Frágil/delicado
O Quejumbroso	O Buena memoria
O Tímido	O Dependiente
O Vivo en el pasado	O Preocupón
O Soñador/imaginativo	O Miedoso
O Cargo culpas	O Hablo con rodeos
O Sensible	O Pesimista
O Resentido	O Pienso y no actúo

Suma las marcas que hiciste en esta página y multiplica ese número por 5

Total= _____

× 5= [%   ]

(Éste es el porcentaje que tienes de este temperamento)

TEMPERAMENTO*:_____

*Cuando termines de leer el libro sabrás responder.

NOMBRE: _____

TEST DE TEMPERAMENTOS

Con frecuencia soy:

O Meticuloso	O Previsor
O Ordenado	O Fachoso
O Sedentario	O Lento/sin prisa
O Callado	O Solitario
O Observador	O Inseguro
O Rutinario	O Dormilón
O Precavido	O Tranquilo/calmado
O Hablo despacio	O Sin iniciativa
O Comelón	O Comodín
O Leal	O Ahorrador
O Paciente	O Flojo
O Apático	O Objetivo/imparcial

Total= _____

Suma las marcas que hiciste en esta página y multiplica ese número por 5

× 5= |_____ % |

(Éste es el porcentaje que tienes de este temperamento)

TEMPERAMENTO*:_____

*Cuando termines de leer el libro sabrás responder.

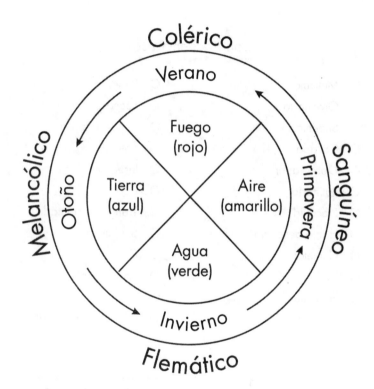

Una visión general

¿Por qué si varias personas ven un mismo accidente y después lo describen, sus comentarios son tan distintos? ¿Por qué hay personas tan sensibles que todo parece lastimarlas y otras a las que todo se les resbala? ¿Por qué algunos se sulfuran ante la menor provocación y otros parece que tienen sangre de atole? ¿Por qué hay hijos con los cuales tenemos una relación fácil y con otros chocamos ante el menor comentario y no los comprendemos?

La respuesta puede ser porque tienen distintos temperamentos. El temperamento es como el cristal a través del cual percibimos nuestro mundo. Conocer los temperamentos de las personas nos abre las puertas de su mundo interior y nos lleva a darnos cuenta de que somos diferentes y que por ello percibimos de manera distinta las facetas de una misma realidad.

Hace 20 años, al entrar en contacto con la Educación Waldorf, me interesó especialmente el trabajo del doctor Rudolf Steiner en relación con los temperamentos. Este conocimiento me abrió las puertas a un mundo nuevo sobre las relaciones humanas para entender por qué reaccionamos de distintas maneras ante las mismas cosas. Me ayudó a reconocer las diferentes cualidades en cada temperamento así como aquellos aspectos que hay que transformar. En pocas palabras, empecé a ver con nuevos ojos el mundo de las relaciones.

Desde tiempos muy antiguos ya se hablaba de los temperamentos. En Grecia, unos 460 años a.C., Hipócrates, el padre de la Medicina, hablaba de los cuatro temperamentos básicos y los

1

relacionaba con la medicina y con los cuatro elementos que forman la materia: aire, fuego, tierra y agua. Pero fue el doctor Rudolf Steiner, filósofo austriaco (1861-1925), quien a principios del siglo XX los vinculó con el conocimiento del ser humano y la educación.

Hay cuatro temperamentos básicos: el sanguíneo, el colérico, el melancólico y el flemático. No hay un temperamento que sea mejor que el otro, pues todos tienen aspectos positivos y tendencias negativas que hay que equilibrar. Tampoco existen los temperamentos puros, pues todos tenemos de los cuatro, pero en diferentes proporciones y en general predominan uno o dos de ellos.

Los temperamentos parecen definirse en el niño a partir de los seis o siete años, cuando inicia la primaria, y es durante este periodo cuando podemos observarlos con mayor claridad. No podemos decir que el temperamento sea hereditario pero he observado que en algunas familias se repite un temperamento determinado.

A continuación presentaré ejemplos de niños de cada temperamento para dar una idea general, y en los siguientes capítulos revisaremos con mayor detenimiento cada uno de ellos. Les recuerdo que esto es una "disección artificial" para poder apreciar las diferencias entre temperamentos, pues todos tenemos de los cuatro.

El niño sanguíneo

Alegre, sociable, platicador,
inquieto, distraído

Sandra es la primera que despierta en la casa. Brinca de la cama, corre con su madre, le trata de abrir los ojos mientras le pregunta "¿Estás dormida, mami?" Para ella el día ha comenzado y la vida es una fiesta. Abre el clóset y empieza a probarse ropa. No sabe si quiere la sudadera de Winnie the Pooh o la de catarinas rojas. Deja toda la ropa tirada y prende el televisor. Hay unas caricaturas que le encantan. Al poco rato, mamá le grita que deje de correr por la sala con el perro y venga a desayunar. Cuando se sienta quiere cereal con leche que empieza a comer con mucho gusto, pero cuando suena el teléfono, corre a contestarlo, y no regresa a desayunar. Mamá la llama varias veces hasta que fastidiada recoge el plato, pues se les hace tarde para llegar al colegio.

Al llegar al colegio Sandra salta del coche cuando ve a sus amiguitos que la saludan con mucho gusto. Mamá le grita que se ponga el suéter que ha dejado olvidado en el coche pero ella no la escucha pues ya se ha encaminado a los columpios.

En clase Sandra se sienta en la primera fila. Le encanta el vestido color de rosa con flores que trae su maestra y ¡qué bonitos aretes! Sandra tiene una sonrisa encantadora y le gusta mecerse en su silla. Por más que quiere, no puede dejar de platicar con la niña que está a su lado. "¡Qué bonito estuche de lápices, Rebeca, ¿dónde lo habrá comprado tu mamá? Yo quiero uno igual pero verde." La maestra se acerca y le dice que guarde silencio, Sandra le da una de sus encantadoras sonrisas y se propone ahora sí atender la clase. Mientras la maestra da las instrucciones de trabajo, Sandra ve pasar por la ventana a su hermano mayor Pedro. "A dónde irá", piensa Sandra mientras lo sigue con la mirada, "¿irá a la dirección, lo habrán castigado?" Cuando vuelve la mirada al frente se da cuenta de que se ha perdido las instrucciones pero no se preocupa porque siempre le puede preguntar a Rebeca. Y además, ¡ella siempre es la primera en terminar! Pide permiso para ir al baño y aprovecha para acercarse a la dirección para ver si se encuentra con Pedro. Cuando regresa al salón y la maestra le pide la tarea se da cuenta de que la ha olvidado en la puerta de la casa.

A la hora de recreo es la primera en fila para salir. Es el mejor momento del día para ella. Puede platicar, correr y reír sin medida. Con gusto comparte su refrigerio y pica de lo que le ofrece su grupo de amigas que es muy numeroso. Cuando suena la campana, Sandra está chapeada y sudada de tanto correr.

Cuando llega su madre a recogerla, Sandra tarda en llegar a la reja pues anda correteando detrás de un niño que le ha quitado sus cosas. Pide permiso para irse de invitada a casa de Alicia, y cuando su madre le dice que no puede recogerla en la tarde, entonces Sandra le pide que la deje invitar a sus amigas. ¡Mamá regresa a casa con tres invitadas a comer!

El niño colérico

Dinámico, fuerte, enfocado,
persistente, líder, enojón

Emiliano se ha despertado y se ha puesto sus shorts favoritos. Cuando llega a desayunar mamá le dice que está haciendo frío y que tiene que cambiarse. Emiliano le contesta que no y en un momento están en franca discusión. Cuando llega su padre, Emiliano está colorado y dando de gritos. El padre, queriendo evitar una mayor confrontación, le dice a la madre que lo deje ir como quiera, que al fin si se enferma se lo advirtieron. Al salir, Emiliano mete con mucho cuidado al coche la maqueta que como jefe de su equipo le ha tocado cuidar. Le advierte a su hermana menor que no se le ocurra tocarla, cosa que ella en ningún momento había pensado hacer.

Al llegar al colegio un grupo de niños se acerca y observa la maqueta con verdadera admiración, mientras Emiliano contesta con orgullo las preguntas que le hacen. Se dirige al salón con una estela de niños que lo siguen y lo esperan en la puerta.

En clase de matemáticas Emiliano está muy atento, hace su trabajo con cuidado y se asegura de terminarlo todo. Para él es importante esforzarse en la clase del maestro Enrique al cual admira y respeta. Pero en inglés, es otra historia. Hoy la maestra lo ha sacado al pasillo por retarla y alborotar a los demás alumnos. Emiliano dice entre dientes "Es injusta, ¡es una tonta!"

A la hora del recreo come con apetito su torta y lo que sus amigos con mucho gusto le comparten. Al terminar, cuatro niños lo siguen por el patio, mientras deciden a qué van a jugar. Cuando Emiliano dice "basquet", todos los demás repiten entusiasmados "¡sí, basquet!"

En la clase de deportes han formado los equipos de volibol y Emiliano juega con mucho apasionamiento. No se distrae y grita órdenes a sus compañeros. Cuando se equivocan los regaña o insulta. "Si no le echan ganas ¿cómo piensan que vamos a ganar?" Cuando pierden por un punto Emiliano empieza a discutir con los del equipo contrario, pero al poco rato empiezan a jalonearse. El maestro interviene amenazando mandarlos a la dirección si no se calman.

A la salida Emiliano se despide de sus amigos que le aseguran que lo llamarán en la tarde para hacer planes para el fin de semana.

El niño melancólico

Sensible, soñador, tímido
cariñoso, llorón

Claudia es una niña delgada de aspecto pálido y frágil que no quiere soltar a su mamá cuando llega al colegio. Cuando es hora de despedirse empieza a quejarse de que le duele el estómago y que no quiere ir al colegio. Su madre le da un beso y le asegura que va a estar bien. Claudia la ve alejarse con sus ojos grandes de mirada triste. El día va a ser muuuuy largo, piensa Claudia. Al entrar al salón, se asegura de pegarse a la pared para evitar que los otros niños la atropellen. En vez de quitarse el suéter como sus compañeros, ella se asegura de que esté bien abotonado. Sonríe cuando sabe que la maestra de historia les va a dar la clase ¡cómo le gustaría que volviera a contarles el cuento de aquella niña que había sufrido tantas desventuras! Acomoda sus útiles con mucho cuidado y revisa para ver si aún están sus estampas favoritas que guarda como recuerdo de su amiga Marlene. La ve unas filas más adelante y le hace señas de que se encuentren para el recreo.

La clase de historia ha terminado. Por la ventana Claudia mira cómo el aire mece las ramas de los árboles y las hace moverse rítmicamente. Son como los árboles de casa del abuelo, que hacen ruido cuando sopla el viento y la asustan. La maestra de matemáticas llama a Claudia para responder, y ella parece despertar como de un sueño, no tiene idea de qué estaba hablando la maestra. Se siente muy mal cuando todos los niños se le quedan viendo, mientras ella murmura que no sabe. Ahora sí pone atención en clase y cuando preguntan algo que sabe levanta la mano tímidamente esperando que mejor no la llamen. Cuando piden la tarea saca cuidadosamente su cuaderno donde tiene su trabajo hecho con detenimiento la tarde anterior. Se siente satisfecha porque se aseguró de que su mamá lo revisara y estuviera bien.

Cuando es hora del recreo, Claudia camina con desgano por su lonchera. Se acerca a Marlene y las dos se van a sentar juntas en un rincón del patio. Claudia revisa su sándwich, le quita la lechuga y el jitomate y le da una mordida. Mastica con total desinterés, pero se olvida de su comida cuando Marlene le ofrece un pedazo de dulce. ¡Cómo le gustaría que su mamá le pusiera las cosas ricas que le ponen a Marlene!

Hoy habrá clase de deporte y es la clase que más detesta Claudia. Ve con horror que la maestra quiere que formen filas para hacer competencias. No puede decir que está enferma pues la semana pasada ése fue su pretexto para quedarse en la enfermería. A Claudia le cuesta trabajo correr porque, aunque es delgada, siente que el cuerpo le pesa, y lo que más le molesta es que todos se le queden viendo o se burlen de su torpeza. Claudia tropieza y se cae casi al llegar a la meta. Se ha raspado la rodilla y no para de llorar. Varias compañeras la acompañan a la enfermería. ¡Cómo quisiera que su mamá pudiera venir en este momento a recogerla!

Cuando es hora de la salida, Claudia espera impaciente a que su mamá llegue. Pasan diez eternos minutos y cuando empieza a pensar que se ha olvidado de ella para siempre, la ve asomarse por la reja. Claudia se levanta y cojea con cara lastimera hasta llegar con ella, le reclama primero su tardanza para después empezar a platicarle su accidente. ¡Sería bueno hablarle en la tarde a abuelita para contárselo también!

El niño flemático

Tranquilo, paciente, ordenado,
rutinario, observador, callado

Jerónimo duerme profundamente mientras suena el despertador que se escucha por toda la casa. "Jerónimo", grita su madre, "¡ya sonó el despertador!" Quince minutos después entra para encontrarlo aún profundamente dormido. Lo mueve mientras le dice que se les va a hacer tarde. Jerónimo se levanta y busca los pants que se puso el día anterior y, cuando los encuentra en la ropa sucia, los sacude, los revisa y decide que todavía aguantan. Se viste con toda calma y va a desayunar. Cuando todos han terminado, busca en la panera para ver si aún queda una concha. "¡Jerónimo, si no te apuras no te va a dar tiempo de lavarte los dientes!", le dice su madre.

Jerónimo es el último en subirse al coche mientras su hermana lo regaña. "No puedo más rápido, me tengo que poner la chamarra", protesta Jerónimo.

Al llegar al colegio Jerónimo se asegura de no olvidar nada. Camina directamente al salón y antes de acomodar su lonchera la abre para revisar si le pusieron sus dos sándwiches y las galletas de choco-chips.

Jerónimo está sentado al fondo del salón. Le gusta su lugar porque puede observar a todos sus compañeros y es más difícil que lo pasen al pizarrón. Rara vez alza la mano a menos que esté muy seguro de la respuesta, la maestra nunca lo regaña porque generalmente es callado y muy obediente.

Cuando la maestra de clase de español termina de dar instrucciones, Jerónimo saca su estuche de lápices y observa la hoja. Cuando empieza a trabajar lo hace con mucho cuidado tratando de tomar en cuenta todos los detalles. Cuando el grupo termina y está por salir al recreo, a él todavía le falta hacer el dibujo. Le pregunta a la maestra si lo puede hacer de tarea y se dispone a ir por su lonchera. Al salir al patio busca un lugar tranquilo donde sentarse y poder comer sin ser molestado mientras observa a los demás jugar. Se come su refrigerio disfrutando cada bocado.

La clase de acuarela es su clase favorita. Jerónimo disfruta viendo cómo se mezclan los colores y cuida de no ensuciar el piso. Cuando termina limpia su lugar, guarda los colores, enjuaga muy bien su pincel y el trapo con el que limpió, tal como le enseñó la maestra. Cuando está por salir del salón, Sandra, que ha estado platicando con sus amigas, le pide que le ayude a limpiar sus cosas y Jerónimo de buena gana regresa a asistirla.

Cuando es hora de regresar a casa, espera cerca de la reja pacientemente a su mamá a quien se le ha hecho tarde por haberse ido de compras. Jerónimo sonríe cuando la ve llegar pensando que en pocos minutos estará de nuevo en casa, donde lo esperan sus juguetes y su perro.

EL TEMPERAMENTO SANGUÍNEO

Elemento: aire
Color: amarillo
Estación: primavera
Animal: pájaro

El niño sanguíneo

Aspectos físicos

El niño sanguíneo es un niño con rostro expresivo y una mirada alegre, pícara y algo nerviosa. Nos mira a la cara y sus ojos parecen sonreír, pero sólo por breves segundos, pues muchas cosas parecen reclamar su atención: el color rojo de un jarrón, el ladrido del perro, el movimiento de las hojas, el brillo de los aretes, todo es de especial interés para él. Así que su mirada pasa de una cosa a otra sin detenerse mucho tiempo en ninguna. ¡Hay tanto que ver y todo es tan interesante!

Es de constitución esbelta y bien proporcionado; su movimiento es ligero, ágil y rápido. Pisa con la punta de los pies, por lo que nunca gasta los zapatos, y parece en momentos no tocar la tierra. Se mueve con gran elasticidad. De la misma manera que todo reclama su atención, su cuerpo lo sigue en un continuo vaivén. Un instante está frente a nosotros, el siguiente está en otra habitación. Su estado natural es el movimiento, por lo que cuesta mucho trabajo tenerlo sentado a la hora de comer, a la hora de hacer la tarea o en el coche. ¡A veces nos da la impresión de que tuviera pulgas que le pican!

Esta constante actividad lo mantiene delgado y nunca tiene frío. En días helados tenemos que perseguirlo para que se ponga el suéter y a la primera oportunidad se lo quita con el pretexto de que le estorba.

El niño sanguíneo es incansable, por lo que hay que atraparlo en la noche para acostarlo pues ¡nunca tiene sueño! En la mañana es el primero en despertar y no entiende que los demás quieran seguir durmiendo cuando para él el día ya comenzó. Ve con verdadero asombro e incredulidad que alguien pueda dormir una siesta o despertarse tarde.

Tiene buen apetito aunque queda satisfecho rápidamente. Empieza a comer con muchas ganas, pero al poco rato se siente saciado y empieza a platicar, perdiendo total interés en la comida; a la primera oportunidad se para de la mesa para empezar a jugar o corretear al perro. La comida le interesa como todo, sólo momentáneamente y, para él, es una actividad social. Prefiere la comida ligera y le encantan las cosas ácidas, con limón y chile, y la fruta.

Aspectos emocionales

El niño sanguíneo es simpático y generalmente está de buen humor. Si se lastima o algo le molesta, llora momentáneamente, pero si lo distraemos, se consuela rápidamente y deja de llorar.

> Agustín corre rápidamente cuando ve a su madre que llega a recogerlo a la guardería. Tropieza en uno de los escalones y cae raspándose la rodilla. Su madre se acerca, lo toma en sus brazos mientras lo consuela. "Pobre de ti, Agustín, te lastimaste la rodilla, pero mira lo que te traje de regalo." La madre saca de su bolsa un cochecito rojo de plástico. Agustín lo mira sorprendido, deja de llorar mientras observa cómo su madre hace girar las ruedas. Agustín solloza lentamente, toma el carrito en sus manos y unos segundos después, está jugando contento en la orilla de la banqueta.

Al niño sanguíneo todo le interesa y todo le encanta. Para él, el mundo es un lugar lleno de sorpresas que quiere descubrir y cuya exploración lo llena de asombro. Por eso, su curiosidad parece nunca saciarse ante esta eterna búsqueda de lo nuevo. Este niño mete la nariz por doquier, pues todo le divierte y todo le parece digno de investigación.

Por lo mismo, el adulto no puede perderlo de vista. Un momento mete la mano en el excusado, el siguiente está descubriendo el enchufe del televisor. Todo tiene un atractivo especial y no resiste tocarlo o metérselo a la boca. Las prohibiciones parecen darle un atractivo especial a las cosas, por lo que espera a que el adulto se distraiga para probar el fruto prohibido. Ningún regaño o castigo vale más que la experiencia de lo desconocido. Cuando el adulto lo regaña, pone cara de arrepentimiento o utiliza su atractiva sonrisa para desarmarlo. Pero si bien su remordimiento es genuino, es de poca duración, pues breves minutos después vuelve a las andanzas.

Santiago tiene dos años. Mamá lo acaba de bañar y está sentado sobre la toalla. Ve con interés la botella de crema para el cuerpo. Cuando su madre se aleja para buscar su ropa, Santiago abre la botella y juega con el líquido blanco y resbaloso. Primero lo unta en sus manos, después voltea la botella sobre la toalla y fascinado ve cómo salpica las paredes. Cuando regresa su madre, Santiago y sus alrededores están bañados en crema. Mamá lo regaña y Santiago hace un puchero con intenciones de llorar. Mamá lo viste y mientras le está poniendo los zapatos, él observa con interés la botella de colonia con tapón plateado que brilla con el sol. Cuando mamá recoge las toallas para llevarlas a tender, alcanza la botella y la rueda por el piso.

Es muy adaptable y disfruta los cambios. Todo lo nuevo lo goza como una experiencia que le abre las puertas a otros descubrimientos. Siempre está listo para una nueva aventura pues la vida para él es una insaciable fuente de sensaciones y gozos.

Cuando los padres se disponen a salir, el niño sanguíneo siempre está en la puerta listo para acompañarlos. Cualquier cosa es mejor que quedarse encerrado. Tiene un sentido de libertad y no le gustan lo espacios pequeños y encerrados, por lo que disfruta estar al aire libre y llenar su día de actividad.

Relaciones sociales

Es muy sociable por naturaleza y le gusta estar rodeado de gente. El peor castigo es privarlo de una fiesta o encerrarlo en su cuarto. Le gusta el bullicio, es muy platicador y todos lo encuentran muy simpático. Es el "chile de todos los moles".

Regina está sentada en la biblioteca pues necesita hacer una investigación para la clase de historia. Tiene varios libros sobre la mesa, los cuales hojea despreocupadamente mientras observa a cada persona que entra y sale. Al ver a su amiga Leonor, le hace señas para que se siente frente a ella. Le pregunta por su hermano y sobre la fiesta del fin de semana pasado, a la vez que copia una oración en su cuaderno. Cuando Leonor se despide, Regina se acerca a la bibliotecaria y le pide ayuda. Mientras ella se dispone a mostrarle otros libros, Regina admira sus zapatos y le pregunta dónde los compró. Conversan sobre modas e intercambian teléfonos. Al cerrar la biblioteca, Regina se retira sin haber terminado su trabajo, pero con una nueva amiga.

En la escuela

Siempre está alerta y despierto y todo le interesa, pero su atención es corta y pasa de una cosa a otra con la mayor facilidad. Cualquier ruido y cualquier movimiento lo distrae, por lo que es difícil mantenerlo en la misma actividad por periodos prolongados. No soporta estar sentado mucho tiempo, empieza a moverse en su silla, tirar el lápiz o el borrador en el piso para tener pretexto de agacharse y pide una y otra vez permiso para ir al baño. En realidad, está buscando librarse del martirio de estar sentado.

Juega con sus manos, hace ruido con la boca y juguetea con los alumnos que están a su lado. El maestro continuamente le está llamando la atención para que esté quieto o se calle. Se queja de su falta de atención, su inquietud y su incesante parloteo.

Decía una niña sanguínea al ingresar a la escuela:

"Mamá, ya no quiero ir al colegio."

"¿Por qué, mi hija?"

"Porque no sé escribir, no sé leer, y ¡no me dejan hablar!"

Salvador está sentado en su pupitre en la primera fila en su salón de tercer grado de primaria. La maestra de matemáticas está explicando el proceso de multiplicación en el pizarrón, mientras Salvador abraza su silla con las piernas y empieza a mecerse. La maestra lo mira fijamente y Salvador deja de moverse. Ahora observa la caja nueva de lápices de su compañera Selene pues tiene unos dibujos de colores muy llamativos. Discretamente trata de abrirla, mientras recuerda haberla visto en barata en el supermercado cerca de su casa. Acerca la caja a su pupitre, pero cuando Selene se da cuenta, trata de arrebatársela y la caja cae al piso, azotándose. A Salvador le da un ataque de risa que contagia a sus compañeros y la maestra lo saca de clase. Afuera, el jardinero que está podando las plantas lo reconoce, se acerca y le pregunta por qué lo sacaron esta vez. Salvador le explica que sólo se estaba riendo, mientras trata de saltar para ver a sus compañeros por la ventana. La maestra abre la puerta y para su sorpresa se encuentra a Salvador colgado de la ventana, con los pies suspendidos en el aire.

Este tipo de niño es excelente mandadero, aunque en ocasiones hay que salir a buscarlo pues seguramente ya encontró a alguien con quien platicar o está espiando a los alumnos de otros salones.

Es un alumno muy popular, con todos tiene que ver y todos lo conocen. De él es la idea de organizar una fiesta de sorpresa para el cumpleaños de la maestra y es en su casa donde se organiza la reunión de fin de cursos. Tiene facilidad para relacionarse con niños de distintas edades y platica con toda naturalidad con adultos y extraños.

En cuanto a su trabajo, tiene dificultad para terminar lo que empieza pues le aburre realizar una misma actividad durante demasiado tiempo. Trabaja con rapidez sin prestar atención a los detalles o preocuparse por el resultado. Con frecuencia olvida la tarea, pues está distraído cuando la dan, pero esto nunca le preocupa ya que sabe que siempre puede contar con un amigo que se la proporcione. Cuando hace la tarea continuamente hay que andar persiguiéndolo para que la termine, porque hace muchas cosas a la vez. La vida es tan interesante para él, que ¿por qué desperdiciarla en algo tan aburrido?

Recomendaciones generales

Estas recomendaciones en realidad se aplican a niños de todos los temperamentos, pero deberán tener especial cuidado los padres de niños sanguíneos.

Es importante tomar en cuenta el temperamento del niño para poder ayudarlo en su desarrollo de la mejor manera. No debemos, ni podemos, tratar de cambiar su temperamento pues iríamos en contra de su tendencia natural, como quien cepilla un pedazo de madera en sentido contrario. Sólo le causaríamos frustración y resentimiento. Sin embargo, podemos ayudarlo a equilibrar las tendencias extremosas o negativas para que logre un equilibrio saludable y desarrolle sus cualidades y potencialidades.

Recomendaciones generales

✓ Reducir la estimulación:
  ➡ Pocas actividades,
  ➡ Mínimo de televisión, nintendo y computadora,
  ➡ Cuidar la dieta: no azúcar,
  ➡ Reducir el ruido.
✓ No temerle al aburrimiento.
✓ Cuidar la rutina.
✓ Ayudarlo a desarrollar el autocontrol.
✓ Enseñarlo a esperar.

➡ Pocas actividades

El niño sanguíneo es un niño por naturaleza estimulado. Es por eso que pasa de una actividad a otra, tiene una energía inagotable y es el último en dormirse. Por lo tanto, debemos cuidar no sobreestimularlo con demasiadas actividades. Como tiene tantos intereses y todo le gusta, buscará ocupar todas sus tardes en clases o actividades fuera de casa. Y los padres, si ellos también son sanguíneos, estarán encantados al llevarlo de una actividad a otra.

"Apúrate Mónica, no estés jugando, que no vas a llegar a la clase de computación", dice mamá mientras recoge rápidamente los platos de la mesa. Cuando Mónica se mete el último bocado a la boca, mamá desaparece su plato y le jala la silla. "Córrele, ve por tus cosas que vamos a llegar tarde". Mónica salta de la mesa y cuando llega a la puerta, su mamá está en el coche con la puerta abierta: "Súbete, ¡qué esperas!" Al llegar al alto, voltea y ve que está jugando con la manija de la puerta. "¿Qué no tienes

examen hoy? Revisa por lo menos tus apuntes en lo que llegamos". Al bajarse del coche le recuerda: "Si se me hace tarde,
empieza a hacer la tarea de mañana o practica tu karate. Adiós,
mi hijita". La madre se arranca a toda prisa.

Algunos niños, a muy temprana edad, tienen ya vida de ejecutivos. Los padres, en su prisa de prepararlos para la vida y con la
buena intención de darles la mejor educación, olvidan que son
niños y que han pasado toda la mañana en el colegio estudiando. En la tarde necesitan jugar despreocupadamente sin exigencias. Algunas escuelas cometen el error de dejar tanta tarea que
los niños pasan la tarde sentados trabajando con tiempo sólo
para bañarse, cenar y dormir. Y luego nos sorprendemos de que
los niños estén malhumorados, cansados e irritables.

Debemos tomar en cuenta el temperamento del niño y permitirle un desahogo saludable para su sanguineidad, permitiéndole participar en algunas actividades, pero cuidando que
no sean muchas, ni todas las tardes. Aunque el niño lo pida,
hay que saber que no es lo mejor para él o se convertirá en un
niño nervioso.

Cuando el niño esté realizando alguna actividad es importante permitirle un desahogo a su sanguineidad dejándole retirarse cuando aún esté muy interesado, para reanudarla más tarde. Hay que recordar que su atención es corta y que de esa
forma puede regresar y retomar el trabajo con gusto, en vez de
quedar totalmente fastidiado y harto.

Azucena, de cuatro años, está corriendo en el jardín persiguiendo
al perro. "Es hora de tu clase de ballet, Azucena, súbete a cambiar". "No me gusta la clase, mamá, no quiero ir." "Cómo que no,
Azucena, yo te advertí que si te compraba el traje y las zapatillas
ibas a ir todo el año, y tú estuviste de acuerdo. ¡Así que vas!"
Azucena sigue corriendo y no le hace caso. "Azucena, ¡vas a ir,

porque vas a ir!" La madre alcanza a Azucena, la carga y se la lleva gritando a su cuarto.

Los niños pequeños aún no tienen noción de tiempo. Una niña de cuatro o cinco años que decide tomar una clase de ballet y cree que se puede comprometer por un año, puede ser que a las pocas semanas esté arrepentida pues la clase le parece aburrida y ya no quiere ir. Pedirle un compromiso de un año a un niño pequeño es absurdo, pues no tiene noción del tiempo que esto implica. Es preferible, por lo tanto, llevarlo a "prueba" varias semanas y entender que no tiene edad para un compromiso a largo plazo. Muchas veces caemos en tratar a los niños pequeños como pequeños adultos. Nosotros nos frustramos y ellos también.

Pero si el niño es mayor de nueve años y elige tomar una clase extra, y a las pocas semanas desea cambiarla por otra que ahora le parece más atractiva, deberemos ayudarle a responsabilizarse de su elección y terminar el curso.

➡ Mínimo de televisión, computadora y nintendo

Muchos padres recurren a la televisión como una manera de ocupar a este tipo de niño y disfrutar cierta paz y tranquilidad mientras está hipnotizado frente al aparato. ¡La tentación es mayúscula! ¿Quién no desea un poco de alivio de esta incesante actividad?

Sin embargo, es importante saber que aunque aparentemente el niño está tranquilo mientras ve la televisión, su cerebro está siendo estimulado y que por esto una vez apagado el televisor se torna irritable y nervioso.

Los programas televisivos están diseñados para mantener al televidente atento a través de movimientos rápidos y bruscos, el efecto zoom, ruidos y colores brillantes. Estos estímulos atraen nuestra atención y despiertan respuestas instintivas en el cerebro que nos ponen en estado de alerta. Pero, como sabemos que en realidad estamos frente a un aparato y no corremos verdadero peligro, nuestro cuerpo reprime las respuestas naturales que han sido activadas en nuestro cerebro. Cuando apagamos el televisor, el niño pasa por un periodo de transición o de ajuste físico, necesario después de haber reprimido su movimiento mientras veía la televisión. Ahora podemos imaginarnos por qué es tan difícil tratar de acostar a un niño, después de ver televisión.

Es importante limitar el número de horas que el niño ve la televisión y revisar los programas que escoge. Por no tomarnos esta molestia pagamos un precio muy elevado. Sí, tenemos un descanso mientras está enchufado al aparato, pero el resultado es su hiperactividad y nerviosismo, su dispersión, irritabilidad, falta de sueño y sus miedos.

➡ No a los dulces y refrescos

Sabemos que el azúcar refinada, en todas sus formas, nos estimula. El niño sanguíneo que come dulces está recibiendo una carga extra de energía, que no le hace falta. Es preferible darle comida salada o fruta, pero evitar los dulces y refrescos, que no lo alimentan y sí lo aceleran. Está comprobado que muchos niños que observamos como nerviosos o hiperactivos se transforman con un cambio de dieta en la que se elimina el azúcar.

Paula, de cinco años y su hermanito Daniel, de tres años, están en pijamas cenando frente al televisor mientras ven sus caricaturas favoritas. Paula pide que le sirvan su cereal preferido "Zucaritas" mientras Daniel mete galletas con chispas de chocolate al yogurt de fresa. "No me gustan esas caricaturas, están muy violentas", dice la madre. Se acerca al televisor, pero ante las protestas de los niños se retira a la vez que les advierte: "Está bien, pero es la última vez, y ¡pobres de ustedes donde se quejen después de que tienen miedo!" El padre llega a casa y saluda a los niños que no quitan los ojos del televisor. Terminado el programa el padre se sienta a ver el noticiero y los niños empiezan a perseguirse por las escaleras. La madre les grita que es hora de acostarse. Suena el teléfono y es la abuela que quiere saludar a los nietos. Cuando la madre vuelve a tomar la bocina, los niños empiezan a aventar los muñecos de peluche por el barandal. La madre le reclama al padre que le ayude, que calle y acueste a los niños. El padre, molesto, se para del televisor y mete a gritos a los niños a su cuarto. Una hora después los niños siguen despiertos.

Un niño que cena cereal con azúcar, leche con chocolate o pan dulce, es un niño al que le acabamos de dar cuerda para que siga corriendo por toda la casa por cuatro horas más y tendrá sueño cerca de medianoche.

✓ Perderle el miedo al aburrimiento

Los padres actuales creen que su papel es entretener al niño, o por lo menos proporcionarle algo que lo entretenga, como la televisión, un video o un juguete sofisticado. Si el niño se queja de aburrimiento, automáticamente el padre se siente culpable. El niño debe estar divertido y entretenido en todo momento y es la obligación del padre mantenerlo así.

Es interesante darnos cuenta de que los niños de antaño, que no tenían televisión, computadoras o videos, y cuyos juguetes eran escasos y sencillos, no sufrían de este mal. ¿Por qué no constituía el aburrimiento de los hijos un problema para los padres de hace unas décadas? Porque veían su tarea de padres como de educadores y no como entretenedores de sus hijos. Era responsabilidad del niño crearse su propio entretenimiento, usar su imaginación para inventar juegos y diversiones que lo tuvieran ocupado por horas. Los padres de antaño no necesitaban divertir al niño, ni comprarle costosos juguetes. Cuando era niña, recuerdo que lo último que hubiera querido era que mi madre jugara conmigo, cuando había la posibilidad de inventar juegos con los niños vecinos. Los juegos se creaban con piedras, palitos, hojas secas, lo que encontrábamos tirado en el patio.

Aunque es cierto que las familias cada vez son más reducidas y los niños cada vez se encuentran más aislados, son ellos los que tienen que "desaburrirse". Si somos los adultos los que siempre solucionamos el aburrimiento del niño, lo volvemos dependiente y pasivo, acostumbrándolo a que otros le proporcionen la actividad y satisfacción interna que necesita. Y, ¿qué mejores presas que ellos al llegar a la adolescencia para las adicciones como el alcohol y las drogas, que prometen diversión y emociones sin límite, sin esfuerzo alguno?

Necesitamos crear en nuestras familias un equilibrio en donde haya momentos en que jugamos y convivimos con los hijos, así como momentos en donde puedan estar solos. Entonces les enseñamos el valor de relacionarse pero también la importancia de estar consigo mismos. No hay mejor aprendizaje para la vida que esto. Cuando logramos este punto medio entre interactuar y tener momentos de soledad para la introspección, la reflexión y estar simplemente callados o quietos, logramos una verdadera armonía en nuestras vidas.

✔ Sí a la rutina

La rutina es como una red invisible que sostiene al niño, dándole seguridad y un sentido de estabilidad a su vida. Cuando puede anticipar lo que sigue en el día, se prepara mental y emocionalmente. El niño más adaptable y que tiene mejor capacidad para sobreponerse a las sorpresas de una vida caótica, es el niño sanguíneo, sin embargo, la rutina le da un equilibrio y lo protege de convertirse en un niño nervioso e irritable.

Los padres de niños sanguíneos se quejan continuamente de su agotamiento por no poder acostarlos temprano. Es necesario crear un ambiente tranquilo, que propicie el sueño para que el niño empiece a relajarse y pueda conciliar el sueño. Todos los niños necesitan la ayuda de una rutina, pero el que más lo requiere es el niño sanguíneo.

Muchos padres cometen el error de no establecer una rutina para dormir al niño sanguíneo porque les parece demasiado difícil o esperan que sea el niño el que pida descansar. ¡Buena suerte! Este niño, entre más avanza la noche, más acelerado está. Los padres terminan enojados y agotados, acostándolo a gritos. La falta de rutina provoca frustraciones y fricciones en la relación padres-hijos.

La rutina crea una disciplina que sustituye a la fuerza. Al crearse el hábito, el cuerpo del niño se dirige automáticamente hacia la siguiente actividad, y nos evitamos estar peleando o regañando.

Ayudas prácticas para acostar al niño

Reducir al máximo los estímulos

- ✗ Apagar la televisión, computadora, radio o aparato de música.
- ✗ Descolgar el teléfono y apagar el celular (aunque pensemos que no podemos sobrevivir una hora sin este aparato, ¿cuántos siglos hemos sobrevivido sin su existencia?)
- ✗ Si hay otro adulto en la familia, pedirle que no permita interrupciones, como pueden ser visitas inesperadas.

Ayudar a relajar al niño

✓ Dar una cena ligera sin azúcar.
✓ Dar un baño caliente; la esencia de lavanda
   es especialmente relajante.
✓ Crear una rutina especial:
   contarles o leerles un cuento,
   platicar los sucesos agradables del día, cantar.

Para los padres

✓ Relajarse. Un padre nervioso contagia su
   nerviosismo al niño. Es importante, por unos
   minutos, soltar las preocupaciones o
   pendientes del día para poder dar atención
   de calidad.
✓ Hay que ver estos momentos con los hijos
   como una inversión: estamos alimentando
   su alma.

Si establecemos una rutina, con cierta flexibilidad, por supuesto, durante el fin de semana, el niño empezará a tener un sueño verdaderamente reparador. La rutina, especialmente para el niño sanguíneo, lo ayuda a estar más relajado durante el día y en la noche anticipará la transición hacia el sueño. La hora antes de acostarse se convertirá en un buen momento para recibir atención de calidad de sus padres, y sentirá que es lo más importante del mundo, pues están ahí para él, sin ninguna otra distracción. Es un momento para que los padres se conecten con el niño y alimenten su relación.

✓ Ayudar a desarrollar autodisciplina

El niño sanguíneo vive en movimiento constante. Tenemos que tomar esto en consideración y comprender lo difícil que es para él estar quieto, y permitirle cierto desahogo a su necesidad de moverse. Cuando hace la tarea, por ejemplo, hay que darle pequeños descansos en los que se pueda parar y quizá dar una vuelta, tomar un vaso de agua, antes de reanudar la tarea.

El niño sanguíneo necesita poder dominar su cuerpo, incluyendo la boca. Hay situaciones en donde se requiere que esté quieto y callado. Necesitamos ayudarlo a que, poco a poco, vaya desarrollando esa autodisciplina necesaria para la convivencia social. Necesita aprender a estar sentado durante la comida, al viajar en el coche o al estar en lugares públicos.

Los padres de Samuel y Tania quieren ir el domingo a un concierto al aire libre. Como no consiguen una niñera que los cuide, deciden llevarlos. Samuel y Tania se quejan, pero los padres les prometen llevarlos después a comer pizza.

Cuando el concierto da inicio, los niños, sentados a su lado, hojean el programa. Al poco rato, Samuel empieza a molestar a Tania que empieza a reírse. La señora de atrás se queja y la madre voltea y los regaña. Los niños preguntan si pueden ir a jugar del otro lado y cuando la madre les da permiso, se retiran pisando a las personas de la fila. Corren por el pasillo ante las miradas enojadas de los demás adultos mientras sus padres, fingiendo estar absortos en el concierto, pretenden no conocerlos.

Si quiero llevar a mi hijo a un concierto, puedo mediar pidiéndole que sólo se quede a escuchar la mitad, pero durante ese tiempo tiene que estar en su asiento sin distraer o molestar a los demás. El hecho de ser sanguíneo no le da derecho a arruinarle el evento a las demás personas. Y ser sanguíneo tampoco disculpa a un niño para que grite y corra como loco o aviente las cosas cuando está de visita.

Los padres que pretenden ignorar estos comportamientos en sus hijos no se dan cuenta de lo importante que es ayudarlos a que aprendan a controlarse. Hay que encontrar un equilibrio en el que en ciertos momentos se le exija al niño estar tranquilo y en otros, se le permita dar rienda suelta a sus impulsos. Cuando los periodos de autocontrol no son excesivos, sino adecuados a la situación y a su edad, y en otros momentos tiene la libertad de desfogar su inquietud, el niño sanguíneo crece de una manera armoniosa. Aprende el cuándo y el dónde necesarios para convivir.

Los niños que no logran desarrollar esta autodisciplina se convierten en personas impertinentes y egoístas, que no toman en cuenta a los demás. Viven a expensas de sus impulsos y caprichos y se vuelven una carga para todos.

✓ Enseñarle a esperar

El niño sanguíneo vive a 78 revoluciones, cuando el mundo gira a 33. Todo lo quiere al momento y esperar le parece una tortura. Sin embargo, necesita aprender a esperar, de lo contrario se convertirá en un niño insoportable. La tentación de darle lo que pide instantáneamente es enorme, pues es muy insistente y por quitárnoslo de encima, accedemos. Pero, ¡hay que resistir! Cuando interrumpa hay que tocarle el hombro, sin parar la conversación ni mirarlo y terminar lo que estamos diciendo, antes de hacerle caso. Cuando esté en grupo, debe esperar su turno pues no tiene por qué ser siempre el primero.

De esta manera se irá acostumbrando a contenerse y empezará a tomar en cuenta a otros.

Recomendaciones para el maestro

✓ Establecer una relación de cariño

✓ Sentarlo al frente, lejos de la ventana.

✓ Permitirle moverse.

✗ No permitir que interrumpa ni darle
  atención constante.

✓ Establecer una relación de cariño

Es importante que el maestro establezca una relación de afecto con este tipo de niño, pues por el amor que le tiene, el niño estará dispuesto a hacer esfuerzos especiales: tomarse un poquito más de tiempo para hacer con mayor cuidado un trabajo, estar sentado cuando lo que quiere es salir corriendo o recordar que tiene que terminar toda su tarea. Esta relación de amor puede ayudarlo a encontrar relaciones duraderas y significativas más tarde de adulto.

✓ Sentarlo al frente, lejos de la ventana

En el salón de clases deberá estar sentado al frente donde tiene menos distracciones, lejos de la ventana o la puerta y donde esté al alcance del maestro para que pueda atraer su atención. El maestro deberá evitar estar constantemente llamándole por su nombre para que atienda, deje al vecino en paz o se calle; en vez de eso, es preferible que se acerque y lo toque suavemente sin mirarlo a la cara. De esta manera lo calmará y no se acostumbrará a recibir atención constante.

✔ Permitirle moverse

Hay que tomar en cuenta su necesidad de moverse y permitirle que reparta los cuadernos, borre el pizarrón o vaya a la oficina por algún mandado. Esto le proporcionará un descanso para poder seguir atendiendo la clase. Si es muy inquieto con las manos, hay que darle algo para moldear, como un pedazo de cera o de plastilina para que se entretenga mientras escucha la clase. De esta manera su nerviosismo se canalizará y no tendrá la tentación de jalarle el pelo a la vecina.

✔ No permitir que interrumpa ni darle atención constante

Este tipo de niño es dado a interrumpir constantemente y a buscar atención constante.

> "Maestra, maestra, maestra", dice Juan Carlos al mismo tiempo que le jala el chaleco. La maestra está hablando con su asistente Rita y aunque se percata de la insistencia de Juan Carlos, lo ignora. "Maestra, maestra, maeeeestra", repite Juan Carlos en tono aún más alto. La maestra lo sostiene del hombro pero continúa escuchando a Rita con atención. Cuando termina, se voltea con Juan Carlos y le dice: "Ahora sí estoy lista para atenderte Juan Carlos, ¿qué se te ofrece?"

Hay que evitar contestarle cuando interrumpa o no espere su turno, pero en cambio, hay que reconocer sus esfuerzos cuando sí espera, pues significa para él un gran esfuerzo.

> "Pepe", le dice la maestra en voz baja al oído, "me di cuenta que aunque tenías ganas de ser el primero, te quedaste callado y esperaste tu turno. Te felicito, yo sé que esto no es fácil para ti."

EL ADULTO SANGUÍNEO

Aspectos emocionales

El adulto sanguíneo considera la vida una eterna fiesta. Vive para "el aquí y el ahora" pues el ayer ya lo olvidó y el mañana aún no llega. Disfruta la vida al máximo y a todo le encuentra algo positivo. Es optimista y puede traer un aliento fresco y ligero a las situaciones más negativas y pesadas.

Raquel, Jéssica y Sonia están en un café con caras sombrías. Sonia acaba de terminar con su novio de tres años. Raquel y Jéssica la consuelan mientras escuchan todos los detalles de la separación. En eso aparece Susana, muy apurada, con un vestido corto y muy llamativo. "Ay, perdónenme, se me hizo un poco tarde. Me paró un policía por pasarme el alto, me iba pintando (se ríe), pero le hice la llorona y la verdad que no dejaba de verme el escote. Le hice ojitos, me perdonó la multa y terminó tratando de pedirme mi teléfono. ¡De la que me salvé!" Susana ve las caras de entierro de sus amigas. "Y ahora, qué les pasa? ¿Quién se murió?" Raquel le cuenta la tragedia y ella escucha mientras se prepara un pedazo de pan con mantequilla. "¡Qué mala onda de cuate! Aunque la verdad no me sorprende... ¿ya ordenaron? El menú se ve buenísimo... yo conozco a ese mesero, es muy buena onda." Susana se etoca la pintura de los labios y le hace señas al mesero que se acerca. Cuando terminan de ordenar, saca de su bolsa una caja pequeña envuelta para regalo y le dice a Sonia. "Mira, lo compré especialmente para ti, ¡vas a ver que se te ven divinos!" Es un juego de aretes que había comprado para el cumpleaños de su hermana. Toma la mano de Sonia y le dice: "Ya no pienses en ese idiota, vas a ver que la vamos a pasar muy bien, ¡de aquí nos vamos al cine!"

Pero también puede llegar a ser un vividor que va de diversión en diversión y de fiesta en fiesta, cayendo en la frivolidad, irresponsabilidad y despilfarro. Es capaz de gastar el dinero de la renta en ese traje finísimo de seda que está de barata o invitando a cenar a sus amigos en un derroche de generosidad. Su especialidad es gastar el dinero por adelantado, pues aún no le pagan y ya lo debe, y las tarjetas de crédito pueden ser su perdición. Dice una amiga cuando le llega su estado de cuenta: "Nunca he entendido cómo números tan pequeñitos pueden sumar un número tan grandote".

¡Es el eterno adolescente, locuaz, simpático e irresponsable! Puede tener sesenta años y sentirse perfectamente confortable en una discoteca llena de jóvenes o en un automóvil convertible.

Es muy activo y su interés lo lleva a realizar muchas actividades. Si nos platica lo que ha hecho en el día ¡nos puede agotar simplemente escuchar lo que ha podido realizar en sólo 24 horas! Pero lo que no sabemos es que tiene una habilidad nata para dividir su atención:

Teresa está cocinando el desayuno, mientras sostiene el celular con la otra mano para llamar a su oficina. "¡Niños a desayunar, rápido que no tenemos todo el día!" Deja el sartén sobre la lumbre y mete rápidamente la ropa en la lavadora. Cuando le contesta la llamada la secretaria, le pide al hijo que le dé su agenda para anotar la cita. "Ese pantalón no va con esa blusa, Aída, cámbiate y vente rápido a desayunar." Sirve la comida en los platos y empieza a peinar a la hija. Mientras retira los platos sucios, le pide a su hijo: "A ver, Carlitos, la tabla del 5, ya debes sabértela de memoria. ¿Cinco por uno?...¿Cinco por dos?...¿Cinco por tres?..."

Sabe un poco de todo, pero si le rascamos, no sabe mucho de nada. No logra mantenerse interesado lo suficiente para profundizar o reflexionar. Por lo mismo puede caer en la superficialidad. Es amante de tomar todo tipo de cursos, tener cinco libros empezados y tratar ocho temas en diez minutos de conversación. Un diálogo con un sanguíneo puede ser algo parecido a esto:

Hola Sandra, ¿como estás? Oí que te habías ido a Europa y ¿qué tal?... A mi Madrid me encanta, hay tanto que ver y eso de que les guste tanto la parranda y nadie duerma ¡me puede fascinar! Hablando de dormir, mi marido anda con un insomnio pavoroso. Ayer fui a surtirle una receta a la farmacia, y ¿a quién crees que me encontré? A Lupe, la de los gemelos, la que se estaba divorciando. Pues no le pregunté qué ha pasado porque se ve de maravilla, me dijo que se operó la cara. Es la segunda vez, ay tú, no vaya a pasarle lo de Renata que no podía luego cerrar los ojos (se ríe). Oye, ¿ya viste la película Con los ojos bien cerrados?; está buena, los dos guapísimos. Por cierto, que mi hijo está buscando chamba en el restaurante afuera de los cines. Creo que va a estar bien para que se vuelva más responsable. Como nos dijeron en el seminario para padres, hay que ayudarlos a que se responsabilicen. Largo el seminario, ¿no te pareció?...

También puede ser sumamente distraída, cuando no pierde una cosa, pierde la otra. Da vueltas en círculos a veces pidiendo ayuda para encontrar las llaves que tiene en la mano o los lentes que trae puestos. La siguiente anécdota le ocurrió a la hermana de mi amiga:

"Judith, ¡cuánto tiempo sin verte! ¿Cómo van tus pinturas? Escuché que vas a tener una exposición." "¿Que cómo voy? Atrasada, muuy atrasada. Figúrate que van dos veces que al salir de mi casa recargo los cuadros atrás del automóvil, y se me olvida y ¡los atropello!"

La persona sanguínea se puede convertir en una persona nerviosa que no puede estar sentada, que fuma sin parar y pone inquietos a todos los que lo rodean. Su mirada pasa de una cosa a otra, no escucha lo que le decimos y nos pone nerviosos sus tics. Al poco rato nos ha contagiado su prisa, ¡aunque no tengamos a dónde ir!

Si observamos esta incesante actividad con más detenimiento, podemos ver que el sanguíneo teme confrontarse consigo mismo. Le teme a la soledad, al silencio y al dolor, que tiende a tapar con ese movimiento continuo, con ese incesante pasar de una cosa a otra, sin encontrar jamás un momento de sosiego para voltear su mirada hacia el interior. Prefiere ignorar o huir, que confrontar sus problemas.

"Marta, necesitamos hablar contigo, no estamos contentas con la organización del evento." "Claro, hay que hablar, sólo que no puedo en este momento por que me tengo que ir a la capacitación, pero llámame en la noche y con todo gusto platicamos." En la noche Roberto la llama por teléfono pero salió al cine. A la mañana siguiente la busca en su oficina pero siempre está ocupada. Pasan tres días y no logra contactarla. Cuando por fin se la encuentra en el estacionamiento, le dice Marta: "Roberto, qué pena, de veras que me interesa mucho hablar contigo, pero ya sabes como es esto. No he tenido ni un momento. Búscame mañana y hacemos una cita para irnos a tomar algo." Una semana después, aún no se reúnen.

Es vanidoso y le importa mucho el "qué dirán", así que cuidar su apariencia es una de sus prioridades. Le encantan las revistas de modas, siempre está hablando de la última dieta y busca mantenerse al día en todo. Tiene un extenso vestuario con el último grito de la moda, pues de la moda ¡todo le acomoda! Prefiere los colores alegres y llamativos, las lentejuelas y todo lo que brilla. Su atuendo parece decir: "Véanme, ¡aquí estoy!"

Su guardarropa puede ser un verdadero desastre, pues aunque siempre empieza a ordenarlo no tiene la paciencia para terminar porque ¡siempre hay algo más interesante que hacer! Pero eso sí, primero muerto que llegar a su cita desarreglado.

Una amiga mía tiene la costumbre de pintarse y arreglarse mientras maneja en las mañanas a su trabajo. Un día, la acompañó un vecino que fue admirando cómo en cada semáforo la tarea se iba completando lentamente. Cuando llegaron, le dijo riéndose: "¡Qué barbaridad, acabo de presenciar el verdadero milagro de una transformación!"

Puede ser exhibicionista. No le gusta ser ignorado, por lo que es capaz de hacer cualquier cosa con tal de llamar la atención:

Decía una tía que cuando la invitaron a una boda muy elegante en Estado Unidos se mandó a hacer un vestido y un turbante dorados: "Ay, mi hijita, a mí no me importa que hablen bien o mal de mí, ¡pero que hablen!"

Otra mujer, entrada en años, que se había pintado el pelo de rojo escarlata, cuando se le quedaban viendo, comentaba orgullosa: "¡Fea pero diferente!"

El sanguíneo es jovial por lo que conserva su interés por el mundo hasta la muerte. Se relaciona con mucha facilidad con personas muchos años menores que él y su caricatura puede ser la de un viejo verde que no quiere darse cuenta que ya dejó de ser adolescente rompecorazones o una señora mayor pintada y vestida como jovencita. El sanguíneo, por mantenerse delgado y vestir tan jovialmente, nos sorprende cuando al voltearse, nos damos cuenta de que ya no se cuece al primer hervor y el cuerpo parece ya no hacer juego con la cara. Como dicen, "Tiene cuerpo de tentación, y cara de arrepentimiento."

La resistencia que tiene a envejecer lo convierte en el mayor consumidor de cremas costosas que prometen librarlo de la vejez y es el mejor candidato para las cirugías plásticas rejuvenecedoras.

Es olvidadizo y por distracción suele dejar plantada a la gente o decir lo equivocado. Lo perdonamos fácilmente porque nunca es con mala intención.

Pedro está en un banquete: "Alicia, dónde te escondes que hace varios meses que no te veo. Por cierto, no veo a tu mamá que le gustan tanto las bodas". Cuando Alicia le platica que su madre falleció hace seis meses Pedro se disculpa.

Mientras comen comenta: "Oye Alicia, la que se ve muy bien es tu hermana Laura, qué gusto que por fin esté embarazada, ¿para cuándo nace el niño?" "No está embarazada, es sólo que ha subido algo de peso." Pedro ve su plato, "Rico el postre, ¿verdad?"

Relaciones sociales

Es una persona extrovertida y muy sociable. Tiene muchas amistades, le encanta invitar y siempre tiene muchos compromisos pues tiene amigos en todos los círculos. Es muy platicadora, le interesa la vida de todos y quiere saber hasta los más íntimos detalles. Por lo mismo puede convertirse en la "chismosa del pueblo", pues en todo se quiere meter y con todos tiene que ver. Esta anécdota le sucedió a una amiga de Cuernavaca, hace varios años:

> Iba manejando por una avenida poco transitada, cuando, al virar lentamente en una curva, vio caer por la ventana del coche de enfrente a uno de los dos niños pequeños que iban retozando en el asiento trasero. Se detuvo, recogió al niño que estaba asustado pero ileso y se dispuso a perseguir al coche con la madre y su amiga que platicaban animadamente, con el radio a todo volumen, y no se habían percatado de su pérdida. Por más que le tocaba el claxon no volteaban, hasta que dos cuadras después logró emparejarse con ellas. ¡Cuál no sería la sorpresa de la madre que, interrumpiendo su conversación, vio a su hijo en otro automóvil!

Es bondadoso y siempre está dispuesto a echar una mano, pues tiene el último remedio, conoce a la persona adecuada para el negocio que quieres poner, su plomero es el mejor y te puede dar la receta de su abuelita para el pastel de manzana que necesitas para la fiesta de cumpleaños. Siempre está dispuesto a hacerte un favor aunque corres el riesgo de quedarte esperando porque no lo anotó en su agenda y lo ha olvidado.

Es flexible y muy adaptable. Igual se puede divertir en un campamento durmiendo en una tienda de campaña, que en un hotel de cinco estrellas. Viajar con una persona sanguínea es un verdadero deleite. Todo le parece interesante y parte de la diversión, pasando por alto las incomodidades que a otros les molestan. Generalmente no se queja: si el hotel es pequeño, lo encuentra "acogedor", si el cuarto es sencillo, entonces es "rústico", si la comida es mala, el mesero le parece simpático. Si en el hotel te despiertan los niños del cuarto contiguo, qué bueno para aprovechar el día; si te deja el avión, "por algo ha de ser".

Si está nublado, qué bueno por que el sol da cáncer, si está muy húmedo, es bueno para el cutis. Lo podemos reducir a uno de sus refranes favoritos: "No hay mal que por bien no venga".

Hace diez años me reuní con dos amigas y planeamos un viaje a Turquía, pero nos enteramos de que como el tour partía de Alemania, el guía sólo hablaba alemán. "No se preocupen," nos dijo mi amiga sanguínea, "yo les traduzco todo". Y con esto nos convenció.

Una vez en el autobús nos llamaba la atención que el guía hablaba tres minutos, y nuestra amiga lo traducía en dos oraciones. Qué poder de síntesis, pensamos al principio, pero cuando le reclamamos nos explicó que lo demás en realidad, no era tan importante. Y tengo que decir que aunque nos perdimos las explicaciones culturales, éste ha sido uno de los viajes más divertidos de mi vida. Definitivamente, ¡hay que viajar con un sanguíneo!

Una de sus grandes cualidades es que perdona con gran facilidad. Si nos disculpamos por haberlo ofendido, no nos dejará terminar de hablar cuando ella, de corazón, ya lo soltó. Como no vive en el pasado y no tiene buena memoria, perdonar es algo natural y sencillo.

Una directora de escuela me platicaba que paseando por el centro de la ciudad con una de sus maestras, se habían encontrado con una señora cuya cara le parecía muy conocida. "Seguramente fue madre de alguno de mis alumnos", pensó. La saludó efusivamente preguntándole por su familia, intentaba adivinar quién era. Notó que la señora era algo cortante pero no le dio gran importancia. Después de despedirse, le preguntó a la maestra si recordaba quién era. "Es la madre de Alejandro, el alumno que expulsaste hace varios años."

¡Uuuups!

El sanguíneo no se siente casado con ninguna ideología o grupo pues a todos les encuentra algo positivo y puede cambiar fácilmente de opinión. En su afán por caer bien, puede sufrir del "síndrome del camaleón", cambiando de personalidad y de opinión según la persona que se encuentre. Un momento es religioso y mojigato, otro abierto y liberal, adaptándose con toda facilidad al grupo de personas en donde esté. Esto quiere decir que a veces no tiene un sentido muy claro de su individualidad y tiende a perderse en los demás.

Puede ser convenenciero y oportunista.

Rodrigo y Silvia están buscando mesa para sentarse en el restaurante. "¿Ya te diste cuenta de quién está ahí?", le susurra Rodrigo a Silvia. "Es la esposa del secretario de Turismo, vamos a saludarla y aprovechamos para invitarlos al desayuno familiar del domingo. Diles que tenemos toda la semana llamándolos y no los hemos conseguido. No se te ocurra mencionar a Benito, qué tal que ya se dieron cuenta de que está apoyando al candidato del otro partido. Vamos, ¿tengo derecha la corbata?"

La persona sanguínea disfruta su sentido de libertad y puede huirle al compromiso. Escuchar que el matrimonio lo compromete "hasta que la muerte los separe" la puede aterrar, y llevarla a querer permanecer como el eterno playboy o playgirl, sin mayor compromiso que pasar bien el momento. Si es hombre: Raquel le cae bien por simpática, Lorena por inteligente, Anaís por guapa, Ana por lo bonito que canta. Si es mujer: Damián le encanta por romántico, Fernando por varonil, Sergio por emprendedor...

Son coquetos, seductores y simpáticos, lo cual los hace muy atractivos. Como podemos imaginarnos, la infidelidad puede ser una de sus debilidades.

Rogelio se encuentra con Miriam, a quien hace varios años que no ve. "Qué guapa, Miriam, se ve que te trata bien la vida, ¿no me digas que te casaste? Qué hombre más afortunado." La recorre con la vista, mientras la toma del brazo. "Adónde vas con tanta prisa? ¿Qué puede ser tan importante que no me puedas dar un momento? Ándale, no seas así, vámonos a tomar algo, que necesitamos ponernos al corriente." Toma el celular y deja recado de que tiene una reunión de trabajo y va a llegar tarde. Se acerca y le susurra al oído: "Viste qué fácil, si yo me puedo librar de mi esposa, seguro que tú también te puedes librar del tuyo."

Si no trabaja interiormente puede quedarse como el eterno adolescente que no quiere responsabilidades ni sentirse atado. Quiere a su esposa e hijos, pero nunca madura.

Sergio y Natalia han invitado a unos amigos cercanos a hacer una parrillada el domingo en su casa. Sergio les quiere platicar su nuevo proyecto y despedirse, pues se quiere mudar a España y convertirse en torero. Mientras platica con entusiasmo, su esposa Natalia, cargando al bebé de un año, lo mira con disgusto e incredulidad. "Tengo un amigo que me va a ayudar, es una gran oportunidad para que realice mi sueño." Mientras Sergio continúa platicando sus aventuras, que todos encuentran muy divertidas, Natalia se queja en la cocina. "Está loco, completamente loco. Estamos viviendo ahora de mi sueldo y allá con qué vamos a comer? Dice que un amigo lo va a ayudar, ¡si apenas lo conoce! Y me preocupan los niños, por supuesto."

La madre y el padre sanguíneos

Los padres sanguíneos son alegres y generosos aunque parecen torbellinos, llenos de actividad y siempre están en la calle. Tienen innumerables compromisos y llegan a casa sólo para cambiar de indumentaria por lo que el hogar puede estar desatendido y los hijos abandonados. Los hijos sanguíneos y coléricos no tendrán dificultad en seguirles el paso, pero los flemáticos y los melancólicos se sentirán muy presionados por esta vida acelerada.

Ante tantos intereses de los padres, los hijos pueden polarizarse en el sentido contrario, pareciendo apáticos y desinteresados.

"Ana, ya te inscribí en el campamento de Canadá, me parece que es el más divertido. Tienes clase de equitación, danza, teatro..." le dice entusiasmada la madre. "No quiero ir." "Cómo que no quieres ir, es muy divertido, van a ir también Melisa y Carmen." "No quiero ir." "Por Dios, no puedo creer que seas tan aburrida, cuántas niñas no darían cualquier cosa por tener esta oportunidad, y en cambio túuuu, ¡nada aprecias!" le reprocha exasperada la madre.

Pueden olvidar también que los hijos de otros temperamentos tienen distintas preferencias. El siguiente incidente puede ser muy ilustrativo:

La madre sanguínea le escribe un mail al hijo que estudia en China: "Hijo, me llamó una estación de radio que querían entrevistar a estudiantes en el extranjero, e inmediatamente les di tu celular para que te llamaran. Les dije que seguramente te encantaría hablar con ellos."

El hijo responde: "Madre, te agradezco pero eso es lo último que me gustaría hacer. Pero con gusto les recomiendo a mi amigo Rufino que de seguro le interesará."

A los padres sanguíneos les es difícil ser firmes y mantener los límites. Prefieren ceder a tener una confrontación. Piensan: la vida es tan corta, y estamos aquí para disfrutar, así que, ¿por qué perder el tiempo en discordias? Entonces los hijos aprenden que con un poco de insistencia, un berrinche o un lloriqueo, es fácil salirse con la suya.

"Cómprame esos tenis, papá", dice Remigio de 5 años. "No hijo, sólo estamos paseando, no venimos de compras." "Cómpramelos, cómpramelos, cómpraaameelos", grita el niño". La madre, con cara de fastidio, le dice al marido: "Mejor cómpraselos, sino nos va a arruinar el día.

En el trabajo

Le es difícil "ponerse la camiseta" y permanecer mucho tiempo en el mismo oficio, pues siempre tiene la tentación de estar buscando prospectos de trabajo que le pueden parecer más atractivos o interesantes. Como dice el refrán inglés: "el pasto siempre está más verde del otro lado". Y al sanguíneo le encanta andar hurgando en el jardín vecino.

Celia sacude su escritorio de recepcionista, cuando llega Luisa y le platica que está vendiendo joyería de fantasía. Abriendo el estuche le dice: "Mira, Celia, tu deberías hacer lo mismo. Vieras que bien me va. Nada más hoy vendí tres juegos de aretes, un collar y dos pulseras. No tengo jefe, ni horario y vieras cuántas personas conozco ya". (Ofrécele libertad y nuevos conocidos a un sanguíneo y lo tienes en tus garras.) La semana siguiente Celia está vendiendo joyería.

Los sanguíneos son excelentes en trabajos que tengan que tratar con el público, que les permitan moverse de un lugar a otro, incluso viajar. Son ideales en puestos donde pueden hablar con personas de todo tipo y tienen gran habilidad para hacer varias cosas a la vez. Entre más bullicio y más actividad hay en un trabajo, más realizados se sienten. Cuidan mucho su arreglo personal y les gusta que todas las miradas estén sobre ellos, por lo que son excelentes cartas de presentación para cualquier negocio. Son buenos recepcionistas aunque difícilmente los encuentra uno en sus escritorios.

Y, para vendedores, nadie como los sanguíneos.

"Qué crees Alejandra, me acaba de llegar una remesa de ropa americana ¡preciosa! Date una vuelta para que la veas... ¿qué no tienes coche?... no te preocupes, yo te la llevo... no, sin ningún compromiso, yo sé que estás corta de dinero, pero no quiero que dejes de verla."

Cristina llega a casa de Alejandra cargando una bolsa pesada. Una vez en la sala se dispone a mostrarle la ropa: "Traje unos vestidos que ya te imagino en ellos, ¡se te va a hacer aaaagua la booooca! Me dijiste que tu color favorito es el azul ¿no? Justo eso traigo, un azul intenso que hace juego con tus ojos, te vas a ver increíble... y con ese cuerpazo que tienes... ¡pruébatelo!"

Una hora después, se despide. "Qué bueno que aprovechaste para comprar tus regalos de Navidad, porque esto no lo encuentras en las tiendas y menos a este precio. Te repito, no te preocupes, ahí me pagas cuando puedas. Estrénate el vestido azul para Año Nuevo y el chaleco con los pantalones, te lo pones cuando salgas con René. Lo vas a volver loco! ¡Ciao!"

Que Dios nos guarde de ellos, que tienen la labia y la simpatía para vendernos lo que no necesitamos y lo que no podemos pagar. Saben tocar nuestra vanidad con la precisión de un cirujano y nuestra resistencia y fuerza de voluntad se desvanecen ante la dulzura de sus halagos. Sucumbimos con una mezcla de satisfacción y dolor. Satisfacción ante sus cumplidos y dolor ante el hueco económico que nos dejan.

Profesiones

Relaciones públicas, recepcionistas, organizadores de eventos sociales, vendedores, periodistas, reporteros, entrevistadores, anunciadores, comunicólogos, publicistas, comentaristas sociales, animadores, actores, cantantes, guías de turistas, agentes de viajes, edecanes, aeromozas, meseros, decoradores, esteticistas, cosmetólogas, diseñadores de moda.

Personalidades

Leonardo Da Vinci, Auguste Renoir, Claude Matisse, Marilyn Monroe, Elizabeth Taylor, Verónica Castro, Cantinflas, Ricky Martin, Meg Ryan, Julia Roberts, Thalía, Liberache, Bill Clinton, Adolfo López Mateos, Vicente Fox.

Personajes de historietas

Mickey Mouse, Tom y Jerry, Piolín, Peter Pan, Campanita.

Compositores

Amadeus Mozart, Franz Josef Haydn, Johann Sebastian Bach, Antonio Vivaldi.

Bailes

Rock and Roll, Square Dancing, Charleston, CanCan

Canciones

La Macarena, Pajaritos a volar, Agujetas de color de rosa, La vida es una tómbola.

Instrumentos musicales

Flauta, clavecín, cascabeles.

Animales

Canario, colibrí, pavorreal, ardilla, mono araña, perros falderos, delfín, mariposa.

EL TEMPERAMENTO MELANCÓLICO

Elemento: agua
Color: azul
Estación: otoño
Animal: venado

EL NIÑO MELANCÓLICO

Aspectos físicos

El niño melancólico es pálido, delgado y de aspecto delicado. Nos da la impresión de que se lo puede llevar el viento. Tiene la cara larga con ojos grandes de mirada triste que parece revisar constantemente el piso. Cuando camina arrastra los pies, o mete las puntas hacia adentro. Se mueve de forma silenciosa y lentamente, y puede ser un tanto torpe. Es friolento y le gusta estar bien tapado. ¡Quiere siempre estar calientito!

Esta apariencia delicada del niño melancólico lleva a los padres a preocuparse constantemente por su salud, y a sobreprotegerlo.

Al llamar al niño melancólico a comer nos puede contestar: "¿Otra vez es hora de comer?... pero si ya comí en la mañana". Es melindroso, por lo que siempre le encuentra algún "pero" a la comida: esto no le gusta porque está muy aguado, esto por duro, esto por verde. Sus padres se preocupan porque lo ven demasiado flaco y tratan inútilmente de que coma más. Las comidas se vuelven horas de tortura, en las que los padres ruegan y suplican para que coma aunque sea un bocado más. Pero el niño se puede estar horas sentado frente a su plato, viéndolo con total desgano, moviendo la comida de un lado al otro. A la primera oportunidad pide permiso para ir al baño para escupir la comida en el excusado, o dársela al perro. Masticar carne le parece un enorme esfuerzo, pero chupar y comer dulces le fascina. Por él, ¡viviría de dulces!

Berta tiene cuatro años y sus padres están muy preocupados pues les parece que come muy poco y está muy delgada y pálida. El pediatra les ha dicho que está sana pero no ha logrado disipar sus dudas. Cuando se sientan a la mesa, Berta sólo come cuando los padres la animan: "Ándale, Bertita, come, quieres crecer grande y fuerte, ¿verdad?" Berta mastica con gusto, pero en el momento en que los padres empiezan a conversar entre ellos, Berta deja de comer para pasear la comida de un lado al otro del plato. "Berta, mi vida, unos bocados más, ¡te vas a enfermar!", le dice su papá. "Si comes toda tu verdura te compro un helado."

La hora de la comida para estos padres es una pesadilla, pues no se han percatado del juego de Berta. No se han dado cuenta de que ella ha encontrado una maravillosa manera de tenerlos ocupados dándole atención constante. Y para qué comer, si es mucho más apetecible tener a ambos padres en la palma de su mano.

Aspectos emocionales

El niño melancólico es un niño introvertido, callado, un tanto tímido, al que le gusta quejarse de todo.

Cecilia, a la hora del recreo, abre su lonchera para encontrarse con que su sándwich está aplastado. "¡Siempre me pasa lo mismo, mi comida está horrible!" Se acerca al bote de basura y lo tira. Se quiere comer las uvas, y empieza a pelarlas, una por una. Un niño pasa corriendo y la empuja. "¡Ay, casi me tiras!" Cuando ve que sus uvas están polvosas, trata de limpiarlas con su falda que queda manchada. Se encamina al baño mientras le dice entre dientes a su amiga: "Mugroso uniforme, me chocan los uniformes, ¡siempre me han chocado los uniformes!" "Ufff, qué horror!", dice tapándose la nariz cuando entra al baño.

Llora con mucha facilidad y busca siempre ser consolado por todos. Es muy sensible por lo que todo parece afectarlo y lastimarlo. A él hay que "tocarlo con el pétalo de una rosa". La tristeza le puede durar mucho tiempo pues los contratiempos que le suceden mentalmente los exagera y engrandece.

> Jerónimo le reclama a su mamá: "¿Te acuerdas cuando me inyectaste, mamá?" "Ay, hijo, ¿cuándo?" "Cuando era chiquito, ¡recuerdo cómo me dolió!" "Sería cuando te dio escarlatina, que estuviste muy enfermo." "Me dolió muchísimo, pero muchísimo. Me acuerdo cuánto grité y que después me dolía mucho la pierna y no podía ni caminar. ¿Te acuerdas que me salió un moretón bien grande? Y no se me quitó en mucho tiempo. Es horrible que te inyecten. ¡Qué mala! ¿Por qué me inyectaste?"

Un regaño o un grito de sus padres puede parecerle un maltrato que no olvida.

Sólo un melancólico es capaz de llevar un recuento de las veces que ha sido regañado, ¡no vaya a ser que olvide alguno!

Cuando nos molestamos con él, si de por sí ya tiene la cara larga, ahora la tiene aún más y también la acompaña con una mirada de reproche. Se pasea por toda la casa haciéndose notar y tratando de hacer sentir culpables a los demás por su sufrimiento. Su enojo se ha convertido en resentimiento y ¡todos debemos pagar! Puede quedarse así durante días.

> "¿Qué le pasa a tu hermana Enrica?" "Está enojada, no sé bien por qué, creo que ayer mi papá la regañó y sigue enojada. Dice que no va a bajar a cenar y que te avise que además tampoco comió en casa de la tía, y que no piensa ir al colegio mañana,

aunque tiene examen de geografía. Creo que la vi tirando a la basura la pulsera que le regalaron en Navidad. Mejor tú sube a ver qué le pasa, pues a mí no me deja entrar al cuarto."

Relaciones sociales

En grupos grandes es tímido y callado y pasa desapercibido, pero cuando se siente en confianza con sus amigos o familiares puede ser muy platicador y chistoso, disfruta ser el centro de atención.

Es muy observador pero también se siente observado, lo cual lo hace adoptar poses y perder su naturalidad. Tiene conciencia de su persona a una edad muy temprana, con lo que más que un niño parece un pequeño adulto.

Aunque no es sociable y mira con cierta desconfianza a las personas, tiene uno o dos buenos amigos con los que pasa todo el tiempo, les confía sus secretos y los hace reír. Con ellos es sumamente parlanchín y simpático.

Es algo inseguro y le cuesta trabajo defenderse o pedir lo que necesita. Sin embargo, siempre parece agenciarse a algún amigo o adulto para que le consigan lo que quiere.

Joaquín está parado al lado de Salvador que ordena en la tienda de la escuela: "Me da dos paletas, una barra de chocolate y dos refrescos. ¿De qué sabor quieres el refresco, Joaquín?" Una vez que los despachan buscan un lugar para sentarse en el patio. Cuando se acerca Regina, Salvador le reclama: "¡Oye, ya devuélvele su pluma a Joaquín, ya tiene una semana que te la prestó!" Cuando termina el recreo y regresan al salón, Emiliano le dice al maestro que a Joaquín no le dieron cuaderno de lectura.

Como podemos apreciar, puede ser muy cómodo ser el débil y desprotegido y que los demás se encarguen de cuidarlo y defenderlo. Viajando un fin de cursos con un grupo de sexto año me tocó presenciar lo siguiente:

La mañana que salíamos de viaje se me acercó la maestra y me dijo al oído; "Ahí vienen los padres de Ernestina que no se decidían a dejarla ir por miedo a que le pasara algo. Anoche por fin accedieron." Caminaba hacia mí una mujer de cara pálida y larga, con ojos grandes de mirada triste, tomada del brazo de un hombre que se le parecía tanto, que podría ser su hermano. "¿Ud. es Rosi, verdad, la que los va a acompañar a Veracruz?" me preguntó. Y en tono suplicante agregó: "Queremos encargarle a Ernestina como si fuera su propia hija". Les aseguré que así sería y partimos al sureste.

Aunque se les había pedido a los alumnos que no llamaran a sus padres, con Ernestina se había hecho una excepción, pues si no llamaba diariamente, se angustiaba. Un día estábamos por entrar a un museo cuando reuní al grupo y les dije: "En este momento nadie puede llamar por teléfono, pues el guía nos está esperando para iniciar el recorrido." Ernestina estaba al fondo re-cargada en una columna con su mirada lánguida, cuando se me acercaron dos niñas, evidentemente coléricas. "Queremos hablar contigo, Rosi, ¡tú no entiendes! Ernestina no está acostumbrada a esto, ella necesita llamar ¡ahora!"

Este es un buen ejemplo de una familia de melancólicos. El padre melancólico, la madre melancólica, y la hija melancoli-quita. Cada vez que recuerdo este incidente sonrío. Ernestina, tímida y delicada, pero ¡ya tenía a dos guardaespaldas listas para ponerme en mi lugar!

En la escuela

En el salón de clases parece estar "en la luna", siempre soñando y viviendo en su mundo interior de fantasía. En los cuentos o narraciones se identifica con las víctimas y personajes que su-fren desventuras y tragedias que lo hacen sentirse "especial y diferente".

Cuando la maestra cuenta su cuento favorito, La Cenicienta, Lore-na se mete el dedo a la boca y se retuerce un mechón de pelo. Con la mirada perdida, reflexiona: "La Cenicienta sufre igual que yo, hoy me gritó mi mamá cuando no recogí mis platos de la mesa y mis hermanos me quitan y esconden mis juguetes. ¡Pero un día también a mí me van a rescatar de mi familia!"

¡Nadie sufre como ella y nadie parece comprenderla!

Escribía una niña de 12 años en su diario: "No puedo entender por qué querer a alguien significa tanto sufrimiento o tanto dolor. No puedo entender por qué a mi edad lloro tanto por él y por qué a mi edad nadie me quiere. Bueno, hay veces que sí me quieren, pero sólo para pedirme consejos."

Cuando realiza su trabajo lo hace con detenimiento, cuidando los detalles. Se esfuerza por hacer bien las cosas y toma sus tareas con gran seriedad. Sin embargo, siempre está pidiendo la ayuda o aprobación de la maestra.

Rara vez alza la mano en clase y cuando lo hace espera que no lo llamen. Detesta ser puesto en evidencia y le teme al ridículo más que nada.

La maestra de ciencias naturales está revisando la tarea y dirige su mirada a Diana, que está sentada al final de la clase. Diana voltea la cabeza disimuladamente, y mira al piso tratando de evadirla. "Diana, te estoy hablando". Diana se para lentamente mientras observa de reojo a sus compañeros. Contesta con una voz tan baja que la maestra no la escucha: "Habla más fuerte, Diana, no te oigo". Diana vuelve a repetirlo en un tono ligeramente más alto. Cuando sus compañeros perciben que la maestra empieza a exasperarse, contestan por ella en voz alta y Diana, ruborizada, se sienta rápidamente.

Su trazo al escribir es suave y delicado y a veces se inclina y tapa su trabajo "para que nadie vaya a leer lo que escribió". El niño melancólico es celoso de su privacidad.

Recomendaciones para el niño melancólico

- ✓ Escucharlo con atención cuando llora o se queja, empatizar pero no darle cuerda.
- ✓ Tomar en cuenta su sensibilidad cuando lo regañamos.
- ✓ Dejar que se valga por sí mismo y resuelva sus problemas.
- ✓ Respetar su necesidad de privacidad, pero no dejar que se aísle.
- ✓ Abrirlo al dolor de los demás.

✓ Escucharlo con atención cuando llora o se queja, empatizar pero no darle cuerda

Hay que empatizar con él cuando llega llorando o quejándose, es decir, que lo escuchemos pero no le demos cuerda. Pues si los padres son melancólicos, ¡cuidado!

Padres melancólicos + hijos melancólicos = drama total

Emilio llega llorando, quejándose de que sus compañeros le echaron arena en el pelo. Su madre lo abraza y lo consuela mientras le sacude la cabeza: "Ay, Emilio, entiendo que estés muy enojado, es horrible tener arena en el pelo." Mamá revisa su ropa, y le ayuda a quitarse los zapatos. "En unos momentos más vas a estar cómodo." Emilio solloza y le dice que además no quisieron jugar pelota con él. Mamá lo escucha con atención y le da un pañuelo para que se limpie la cara. Cuando deja de llorar, le dice que ha hecho una comida rica en casa, lo toma de la mano y lo conduce al automóvil.

O sea, en vez de regañarlo o decirle que está exagerando, lo escuchamos con interés dándole toda nuestra atención. Le permitimos que llore y se desahogue. Esto es muy importante porque aunque nos moleste su llanto, hay que entender que para el niño es un mecanismo de desahogo para desestresarse. Esto requiere una enorme paciencia por parte de los padres y maestros, pues si no son melancólicos, no pueden entender por qué este niño llora y sufre tanto. Y luego, lo ayudamos a pasar a otra cosa.

✓ Tomar en cuenta su sensibilidad cuando lo regañamos

El niño melancólico es muy sensible y percibe de manera exagerada nuestras llamadas de atención o regaños y fácilmente se lastima. Hay que evitar gritarle, pegarle o amenazarlo, pero al mismo tiempo debemos tener cuidado de no caer en que nos manipule con sus llantos o quejas.

Tamara, de 12 años, está pendiente cuando llega su padre a casa. Cuando oye la puerta, dice con voz lastimera: "¿Eres tú, papá?" "Hola, Tamara, qué te pasa, por qué lloras?" "No, por nada", contesta Tamara a la vez que se retira a su cuarto lentamente, asegurándose de que el padre la sigue. "Dime, hija, ¿qué tienes?" "Nada, deveras, nada." El padre se sienta en su cama. "Es que mamá no me deja ir al cine porque la última vez no le avisé y llegué muy tarde. Pero no importa. Van a ir a ver la película de Tom Cruise que tanto quería ver, pero no importa..."

El padre sale del cuarto, habla con la madre y regresa. "Mira, Tamara, ya hablé con tu mamá y tiene razón, quedamos en que hoy no salías. Tú sabes que no me gusta contradecir a tu madre (Tamara empieza a sollozar más fuertemente). Peeero, si me prometes que es la última vez, puedes ir hoy." Tamara salta de la cama y le da un beso a su padre. A los pocos minutos está sonriente y lista para salir.

✓ Dejar que se valga por sí mismo y resuelva sus problemas

Es fácil sobreproteger a este niño porque nos da la impresión de ser demasiado frágil e incapaz, despierta en nosotros el instinto materno o paterno de protección.

Anastasia, de nueve años, tiene hambre pero su madre está planchando. Se sienta y espera hasta que su madre abre el refrigerador y le sirve un vaso con leche. "Quiero unas quesadillas y leche con chocolate." La madre va a la despensa y le pone el chocolate en polvo en la mesa. "No lo alcanzo." La madre se lo acerca.

"Me falta una cuchara." La madre abre el cajón y le da el utensilio. "Pero no me gustan estas tortillas, mejor quiero cereal." La madre le retira el plato y le trae el cereal. "Dime cuánta leche te sirvo, mi hijita."

Desgraciadamente, aunque sobreprotegemos a este niño por amor, por querer que esté contento y cómodo, le hacemos un gran daño. Lo convertimos en un niño dependiente e inútil que no sabe valerse por sí mismo y que no estará preparado para salir adelante cuando ya no estemos a su lado.

Cuando el padre de Federico llega a recogerlo al colegio, lo encuentra llorando desconsoladamente. "Rogelio me pegó y me dijo ¡marica!" El padre se endereza y mira hacia donde apunta Federico. "¿Quién es Rogelio, el de la chamarra roja? No te preocupes, ahora hablo yo con él." No sólo regaña a Rogelio sino que le pide que vaya a disculparse. Cuando jala a Rogelio del brazo, aparece su madre que, sorprendida, le pregunta qué sucede. Después de una acalorada discusión, la madre de Rogelio entra a quejarse a la Dirección, mientras que el padre de Federico se retira furioso al coche con su hijo.

La intención del padre es buena, quiere ahorrarle un mal rato a su hijo y resolverle sus problemas, pero olvida que un niño que depende de los adultos para arreglar sus conflictos no aprenderá jamás a relacionarse. En vez de defenderlo, deberá empatizar y ayudarlo a encontrar soluciones:

El padre abraza a Federico: "Entiendo que estés tan molesto. A mí tampoco me gustaría que me pegaran y me insultaran." Una vez que está calmado le pregunta: "Ya has pensado qué puedes hacer la próxima vez que te quiera pegar?" (Vea el ejemplo de la página 57. No sentarlo al lado de un colérico.)

✓ **Respetar su necesidad de privacidad pero no permitir que se aísle**

Necesita que le respeten su necesidad de privacidad por lo que es importante permitirle que se retire a su cuarto y esté solo por ratos. El bullicio y las multitudes sólo las aguanta un tiempo, pero después lo agobian.

Una madre me confiaba que su hija adolescente llegaba de la escuela, comía, se encerraba en su cuarto y no la volvía a ver hasta el día siguiente. Esto es exagerado. Es importante que pueda disfrutar de sus ratos de soledad, pero hay que cuidar que no se aísle. Corre el peligro de sumirse en sus problemas y caer en una depresión.

✓ **Abrirlo al dolor de los demás**

Es de gran ayuda contarle historias tristes o trágicas, pues al contrario de lo que podemos imaginar, tienen un efecto curativo. Pero siempre debemos tener cuidado de que tengan un final feliz.

> Uno de mis hijos que es melancólico, cuando era niño le encantaba que le contara el cuento del Patito Feo de Andersen. Mientras le contaba cómo sufría porque nadie lo quería y lo echaban de todos lados, mi hijo se metía los dedos a la boca y ponía una cara muy triste. Al terminar, suspiraba y se iba contento a jugar. En aquel tiempo yo no entendía por qué insistía tanto en escuchar ese cuento, si lo hacía sufrir de esa manera. Pero al día siguiente me sorprendía que otra vez me volviera a pedir, sí, ¡el mismo cuento!

Al contrario de lo que pensaríamos, estas historias en vez de deprimirlo lo relajan. "Bueno, después de todo, ¡a mí no me va tan mal!" piensa el melancólico. Al mostrarle el sufrimiento de otros se da cuenta de que no es el único que la pasa mal. Estos cuentos tienen un efecto curativo pues lo conducen a hacer a un lado sus problemas personales, para abrirlo al dolor de otros. Por que puede fácilmente quedarse encerrado en sus dificultades que exagera y alimenta con su sentido de autoimportancia y corre el peligro de caer en la desesperanza. En cambio, al identificarse con los personajes que pasan desventuras pero encuentran una feliz solución a sus problemas, se llena de esperanza.

Recomendaciones para el maestro

✓ Llamarle la atención en privado.

✗ No sentarlo al lado de un colérico.

✓ Respetar su ritmo, darle más tiempo.

✓ Establecer una relación de cariño.

✓ Pedirle favores para que se abra a servir a otros.

✓ Llamarle la atención en privado

El maestro deberá tomar en cuenta su sensibilidad y tratarlo con cierta delicadeza, así como cuidar de no regañarlo frente al grupo, pues se sentiría muy humillado.

Hablar en público o actuar en representaciones le puede parecer una verdadera pesadilla. Hay que ayudarlo para que se sobreponga a su timidez dándole apoyo y confianza.

> "Yo sé lo difícil que es para ti hablar frente a tantas personas. Pero sé que lo puedes hacer. Tienes sólo unas cuantas líneas y las vas a decir muy bien. Yo estaré listo para apoyarte si se te olvidan."

Puede también participar de otras maneras, quizá ayudando con la escenografía o preparando el vestuario.

Las clases de pintura o de música pueden ser excelentes medios para que se exprese y salga de su concha.

✗ No sentarlo al lado de un colérico

Hay que evitar sentarlo al lado de un colérico pues le hará la vida imposible y terminará por no querer ir al colegio.

> Manuel ha llegado temprano al colegio cuando ve a Pati que se dispone a entrar al salón. "Hola", le dice Manuel dándole un empujón. "Ay, me dolió", le contesta Pati recuperando el equilibrio. "No exageres, casi ni te toqué. Como eres chillona, eres como un bebé, sí, ¡un bebecito!" le dice burlonamente Manuel mientras le saca la lengua. Pati contiene sus lágrimas. "Miren", le grita Manuel a sus compañeros, "va a llorar, ¡otra vez va a llorar!" Pati sale corriendo a esconderse al baño.

El maestro deberá estar pendiente y no permitir abusos, pero sobreproteger al melancólico no lo ayuda, por el contrario, confirma su impotencia y lo debilita. El maestro tendrá que buscar maneras de apoyarlo para que se valga por sí mismo y aprenda a defenderse. Sino se volverá dependiente y tenderá a victimizarse. La energía de víctima siempre atrae a un agresor. Mientras no cambie su autoimagen, siempre habrá alguien que la lastime; si no es Manuel, será Leticia, o Kena, o su hermano. Cambia la circunstancia pero la situación en realidad es la misma: provoca en las personas el mismo tipo de trato.

> Maestra: "Pati, que puedes hacer la próxima vez que te moleste Manuel?"
>
> Pati: "No sé, quisiera matarlo, lo odio."
>
> Maestra: "Sí, entiendo cuanto detestas que te moleste, pero ¿qué puedes hacer para que te deje en paz".
>
> Pati: "Voy a acusarlo con el maestro del recreo."
>
> Maestra: "Buena idea. ¿Qué otra cosa puedes hacer?"
>
> Pati: "Me voy a hacer la sorda y no le voy a hacer caso."
>
> Maestra: "Excelente idea, ¿qué más puedes hacer?

Pati: "Voy a juntarme con Pedro, a él le tiene miedo".

Maestra: "¿Te das cuenta cuantas opciones hay? Hay muchas cosas que puedes hacer para cambiar lo que no te gusta. Tú no tienes por que permitir que alguien te lastime. Tú mereces respeto. No lo olvides."

✓ Respetar su ritmo, darle más tiempo

Necesita que le demos más tiempo para terminar su trabajo pues lo hace despacio y con mucho cuidado. Cuando lo apresuramos se siente presionado y se estresa. Sin embargo, es importante enseñarlo a ocuparse de lo esencial y no perderse en los detalles.

✓ Establecer una relación cariñosa

Con este tipo de niño el maestro deberá establecer una relación de cariño y después pedirle que le haga pequeños favores. Esto ayuda al melancólico a salirse de su egoísmo para tomar a otros en cuenta. Cuando atiende a otros se siente útil y valioso. De esta manera afirmamos la confianza en sí mismo.

EL ADULTO MELANCÓLICO

Aspectos emocionales

El adulto melancólico es una persona reflexiva que busca profundizar en todos los aspectos de la vida. Al contrario del sanguíneo, no toma las cosas a la ligera. Se detiene y necesita siempre tiempo para tomar decisiones pues está revisando todas las alternativas. Es cauteloso y puede ser indeciso, desesperando a sus amigos cuando insiste que "todavía necesita pensarlo".

Mide, sopesa, estudia y analiza todas las posibilidades:

"Sí me gustaría ir de vacaciones en crucero, Tere, pero me gustaría saber qué tipo de personas van a ir, qué tal que es un grupo de personas ruidosas, gritonas, sin educación, y la comida, hay que averiguar si no es rara, de esa que está de moda, oriental, como la japonesa, luego esos cruceros intoxican a las personas, ¿dónde comprarán su comida? ¿Cómo estará el clima?, qué tal que nos toque mal tiempo. El año pasado fue justo en esta época cuando hubo ese ciclón terrible en las costas del Caribe, no me acuerdo, creo que hubo muertos... No Tere, te digo que sí quiero ir y me parece magnífica idea, sólo te pido que averigües bien todos los detalles."

Es sensible y delicado. Toma en cuenta los sentimientos de los demás y tiene siempre una palabra cariñosa y amable. De los cuatro temperamentos, el melancólico es el que con mayor facilidad empatiza con el dolor de los demás y puede ser compasivo.

"Bernardo, no puedo creer lo que le dijiste a Ramona. Te dije que se está divorciando y no dejaste de hablar de su ex marido. ¿Qué no te diste cuenta que se le salían las lágrimas?" le reprocha Sofía a su marido al salir de la reunión. "¿Las lágrimas? No, para nada, yo creo que estás exagerando", le responde Bernardo quitado de la pena.

Bernardo es sanguíneo y en su afán de pasarla bien y ser simpático no se ha dado cuenta del estado emocional de Ramona. Cuando su esposa se lo hace notar, simplemente descuenta el comentario sin darle mayor importancia. Sofía, en cambio, como buena melancólica, se siente mortificada y la llama para disculparse.

"¿Celina, por qué tan seria?" "No estoy seria." "Cómo no, ¡no has dicho una palabra! Ya, dime qué te pasa." "Bueno, pues que si no me quieres saludar, Rosa ¡pues no me saludes!" Celina recoge sus libros y empieza a retirarse, asegurándose de que Rosa la sigue. "¿Cómo?, ¿de qué hablas?" "Ayer, saliendo del concierto te hiciste la loca, te volteaste y no me saludaste." "¿Cuándo?, no te vi, te juro que no te vi, ¿dónde estabas?" (Desconcertada, se rasca la cabeza tratando de recordar.) "Al lado de Melisa, no importa, ya pasó. Pero, por cierto, no te puedo acompañar mañana a casa de tu prima, tengo mucho trabajo." "¡Cómo! no seas así, si no me acompañas, no me van a dar permiso y entonces, ¿cuándo veo a Ricardo? No seas mala, deveras que no te vi, perdóname."

Rosa encamina a Celina a su casa y todo el trayecto le sigue suplicando que la perdone y la acompañe con su prima. "Mira, Celina, te presto mi blusa azul que tanto te gusta." "Lo voy a pensar, háblame en la tarde."

La sensibilidad del melancólico combinada con su excelente memoria lo vuelve rencoroso. Pareciera que tiene un gran archivo interior donde guarda todos los agravios que algún día recibió. Si de alguna manera piensa que lo ofendimos, le encanta que le roguemos y nos castiga con su desprecio, encontrando así una manera de tener atención y darse autoimportancia. Cuando herimos su sensibilidad arrastra su resentimiento como un saco pesado que se rehúsa a soltar. Sin embargo, tiene la inteligencia de saber cuándo nos está empezando a hartar y entonces cambia de actitud por miedo a perder nuestra amistad.

> A una tía abuela de Mazatlán, que nos visitaba cada año en Puebla cuando yo era niña, la encontré una mañana en su recámara, muy apurada anotando en una libreta negra. "¿Qué escribes, tía?", le pregunté con curiosidad. "Mira, mi hijita, en esta libretita escribo la fecha y lo que me hacen las personas, porque, ¿qué tal que se me olvida, y llega su cumpleaños y le compro un regalo?"

¡Éste es el caso de un melancólico que está empezando a perder la memoria!

La almohada es su buena consejera, pues al acostarse tiende a revisar "sus pecados" y las ofensas que sufrió en el día. Puede padecer insomnio y dar vueltas una y otra vez en la cama y a la mañana siguiente está cansado y no se quiere levantar y, por supuesto, está de pésimo humor.

El melancólico vive en el pasado y tiende a pensar que "tiempos pasados siempre fueron mejores". Disfruta de las reminiscencias y goza viendo álbumes familiares o estudiando árboles genealógicos. Le encantan las anécdotas familiares de su infancia y de sus antepasados.

> Ramón, Dafne y sus hijos adolescentes han venido de Cuernavaca a la Ciudad de México a visitar a sus padres. Al cruzar por la

colonia Nápoles, Ramón empieza a comentar animadamente: "Uy, miren, ahí fui a la secundaria cuando era niño y en esa casa verde vivía mi amiga Lucila. Mira, mi vida, ahí jugaba fútbol en las tardes con los cuates y ésa era la casa del abuelo. Claro, todo está muy cambiado. Por ahí pasaba un río ¡y vieran qué divertida nos dábamos!" Dafne bosteza y los muchachos cierran los ojos mientras se recargan hacia atrás.

Pobre familia, sólo tienen 25 años de casados y 25 años de escucharlo cada vez que vienen a la ciudad.

Puede ser muy negativo y pesimista y ver siempre el lado negro de las cosas, convirtiéndose en el típico aguafiestas.

Las tres hermanas se han reunido para organizar en el jardín la comida de cumpleaños de su madre. Cuando están revisando los últimos detalles, Margarita comenta: "¿Y si llueve?"

Todas voltean a verla y le contestan con cierta impaciencia: "Cómo crees, si es febrero, ¡nunca llueve en febrero!" Margarita, que ahora tiene toda su atención, contesta lentamente, masticando cada palabra: "Cómo no, ¿no se acuerdan? hace... ¿qué fue?... tres años... no, cuatro, sí cuatro, que la llevamos a ese restaurante caro de comida italiana y nos cayó un aguacero espantoso, nos empapamos y después a mí me dio bronquitis?"

¡El melancólico, por supuesto, recordaría este evento! Pero tenemos que darle crédito por traer un equilibrio muy necesario a la impulsividad tanto del sanguíneo como del colérico, que se llenan de entusiasmo y sólo ven lo que les conviene. Uno le da cuerda al otro, hasta que el elemento tierra del melancólico los hace aterrizar de sopetón y poner los pies en el suelo. Y bueno, no es muy agradable tener que aterrizar cuando andamos volando tan alto.

Cuando un grupo está por tomar decisiones importantes, es de gran beneficio que entre ellos se encuentre un melancólico que, seguramente, podrá considerar los detalles, obstáculos y posibles riesgos que otros no han tomado en cuenta. Pero es difícil hacerle justicia al melancólico y reconocer la labor importante que cumple, pues le pagamos con una mirada impaciente y nuestros malos modos. Lo tachamos de negativo y pesimista porque, ¿a quién le gusta que lo detengan de la camiseta cuando ya está listo para salir corriendo?

Relaciones sociales

El melancólico es introvertido y disfruta y vive intensamente su vida interior. Le gusta estar solo, retirarse a pensar o soñar, escuchar música o escribir cartas. Es romántico, le gustan los boleros y los poemas. Le encantan los detalles, las cenas íntimas y que todo sea en petit comité. Lo peor que le podemos hacer es darle una ruidosa fiesta de sorpresa, entregarle públicamente un ramo de flores en agradecimiento o cantarle las mañanitas en un restaurante público. Lo hace sentir ridículo y apenado, por lo que en vez de agradecerlo se enojará con nosotros.

Tiene algunos amigos íntimos con los que comparte sus problemas. Cuando está con ellos puede hablar sin parar, pero en el momento en que hay desconocidos, se torna tímido y callado.

En confianza también tiene un excelente sentido del humor, pues al conocer las debilidades humanas puede transformarlas en situaciones cómicas. Tienen la habilidad de presentarnos las tragedias y sucesos más dolorosos e inyectarles una comicidad que nos permite comprender qué absurdas y ridículas pueden ser las cosas que nos agobian. Un melancólico que puede reírse de sí mismo y lo comparte no sólo aligera su vida, sino que ayuda a otros a tener una nueva perspectiva de la suya. Muchos comediantes y payasos son melancólicos, combinados con sanguíneos, como Cantinflas, Charles Chaplin, Woody Allen, Marcel Marceau y El Flaco (del Gordo y El Flaco).

Si el melancólico en su infancia no recibió apoyo para afirmarse, fortalecerse y valerse por sí mismo, de adulto será dependiente e inseguro. No se sentirá con la suficiente fuerza para demandar lo que quiere o cambiar lo que no le gusta. En el mejor de los casos se apoyará como otro hijo en su pareja que lo protegerá y le solucionará todas las dificultades Pero en el peor de los casos aceptará situaciones abusivas pensando que no tiene otro remedio Aguantará abusos por parte de la pareja, hijos, jefe, colegas o amigos. Se quejará hasta el cansancio pero no hará nada por cambiar la situación.

Ariana tiene cita para comer con su viejo amigo Sergio, que nuevamente está hablando de su tema favorito: ¡su insoportable esposa! Sergio tiene 22 años de casado y 22 años de quejarse. Cuando se dispone a recontarle lo harto y fastidiado que está de sus exigencias, Ariana trata disimuladamente de cambiar de tema: "Ya viste quién se sentó atrás de ti, es Lucila, la modelo guapísima del Cosmopolitan, voltéate discretamente." Pero Sergio se da cuenta de su intención y, herido, enmudece el resto de la comida. Cuando Ariana lo busca la siguiente semana, Sergio se niega a contestar el teléfono.

Como en el caso de Sergio, los amigos del melancólico pueden cansarse de escuchar siempre la misma cantaleta y dejarán de ofrecer soluciones que, se dan cuenta, no va jamás a poner en práctica. Muchos melancólicos permanecen en relaciones enfermizas, quejándose de su mala suerte, y alimentándose de la lástima que provocan en los demás. No se les ocurre que pueden poner fin a su martirio y salir del infierno que están viviendo. En casos extremos, los amigos, fastidiados, empiezan a evitarlo y, al fin, terminan por dejar de buscarlo.

El melancólico es servicial por naturaleza, pendiente de lo que necesitan los demás. Nos halaga con sus detalles y consideraciones. Si estamos enfermos y buscamos consuelo, no habrá mejor persona para atendernos. Vigilará que nadie nos despierte y nos llevará la comida a la cama.

> Sagrario ha tenido tres abortos y nuevamente está embarazada. El doctor le ha recomendado que guarde reposo y esté lo más tranquila posible. Cuando se entera la tía Berta, le ofrece que se mude a su casa, pues ella con todo gusto la puede cuidar. Al llegar, la tía Berta le muestra su cama impecable con sábanas limpias, y el buró con una jarra de agua, pañuelos desechables y un hermoso florero con rosas. "Te mandé comprar las empanadas de manzana que tanto te encantan y tu tío mañana te colocará el televisor en tu cuarto. Ah, y aquí está la lista que te hizo tu primo de los últimos estrenos en el videocentro. Acuéstate y no te preocupes por nada, que estamos felices de que estés con nosotros."

Pero si acudimos por error a un sanguíneo, será una historia muy diferente. No entenderá que prefiramos estar en cama cuando hoy es el cóctel de inauguración de la librería de Judith y cuando nos quejemos pensará que estamos exagerando. En la mañana nos dará un beso y saldrá corriendo asegurándonos que no se tardará. ¡Buena suerte! Pues quién sabe a qué hora le volvamos a ver el pelo, y seguro se le olvidó dejarnos comida.

La madre y el padre melancólicos

Los padres melancólicos son cariñosos y están siempre pendientes de sus hijos, pero tienden a sobreprotegerlos haciéndolos dependientes, egoístas y flojos.

> "Nena, qué quieres cenar. Tengo una rica torta de zanahoria o pastel de elote" pregunta la madre. "No, yo quiero sopa de elote, de la que comimos el otro día" responde la hija que está acostada

en el sofá viendo la televisión. "Ay, Nena, ya no queda de esa sopa...pero...bueno, en un momento te la preparo" responde la madre complaciente.

Tienden a identificarse con los problemas de los hijos y sufren con ellos. En este caso, en vez de empatizar, simpatizan. Cuando empatizamos tratamos de comprender lo que sienten los hijos pero no perdemos nuestro lugar. Hacemos un esfuerzo por recordar que somos sus padres y tratamos de ver la situación completa de manera objetiva para poder ayudarlos.

En cambio cuando simpatizamos, nos confundimos con ellos. Perdemos nuestro lugar y nos convertimos en niños o adolescentes. Pero al perder toda objetividad, no podemos auxiliarlos. La siguiente llamada telefónica es un buen ejemplo de ello:

"Maestra, que bueno que la encuentro... Perdone que le llame tan tarde... ¿Cómo? ¿No me diga que ya estaba acostada? Ay, qué pena, pero es que realmente es importante. Necesito hablarle sobre mi hija Melisa. Está muy descontenta con el grupo que le tocó para el proyecto de ciencias. Quiero que la cambie con sus amigas. No le gusta este muchachito Fernando, que es un maleducado, un majadero... ¿Cómo dice? ¿Que ella lo provoca?... Perdóneme pero yo sé que ella es incapaz de eso. Y no entiendo por que tiene que soportar a un niño tan grosero. Melisa es muy sensible, y yo estoy segura que ella no ha hecho nada para que él la moleste de esa manera... Pues si usted. no quiere hacer nada para solucionar esto, mañana hablo con la directora. Buenas noches."

Esta madre está convencida que la maestra es injusta y no pone de su parte para ayudar a su hija, que es una blanca e inocente paloma. A los padres melancólicos les cuesta mucho trabajo aceptar los defectos de sus hijos y tienden a verlos como víctimas. No se dan cuenta del daño que les hacen cuando en vez de fortalecerlos y dejarlos que solucionen sus problemas, los vuelven cobardes y dependientes. Desgraciadamente estos hijos repetirán estos patrones en sus demás relaciones.

El melancólico no se siente con la fuerza para confrontar directamente a los demás. Por eso prefiere manipular o ceder, a discutir o pelear abiertamente. Encuentra que con voz melosa y haciendo sentir culpables a los demás, le es más fácil obtener lo que quiere.

"¿Ya te vas al cine, hijo? Está bien, no te preocupes, yo aquí me quedo lavando los platos. Que te diviertas."

Tiene dificultades para poner límites y ser firme, y ante el miedo de una confrontación, prefiere ceder y complacer. Si tienen un hijo colérico temerá contradecirlo por miedo a que se enoje. Cederá inmediatamente para evitarse un enfrentamiento.

En el trabajo

El melancólico al abrirse al dolor de otros, tiene la posibilidad de desarrollar la gran virtud de la compasión, pues gracias a su gran sensibilidad puede comprender el sufrimiento ajeno y encontrar maneras de aliviarlo. Puede trabajar como enfermero, doctor, psicólogo, trabajador social que con delicadeza y amor atiende las necesidades de los demás.

Por su gran capacidad para reflexionar, son también grandes pensadores, filósofos, historiadores, maestros, escritores o poetas.

Profesiones

Pensadores, filósofos, historiadores, doctores, enfermeros, psicólogos, trabajadores sociales, iniciadores de proyectos altruistas, educadores, religiosos, escritores, poetas

Personalidades

Madre Teresa, Florence Nightingale, Abraham Lincoln, Charles de Gaulle, príncipe Carlos, Vincent Van Gogh, Mark Rothko, Remedios Varo, Ingmar Bergman, Charles Chaplin, Woody Allen, El Flaco (del Gordo y El Flaco), Marcel Marceau, Agustín Lara, Libertad Lamarque, Rubén Darío, Emily Brontë, Louise Mary Alcott, Jorge Isaacs, Cuauhtémoc Cárdenas, José José

Personajes de historietas

Charlie Brown, Olivia (Popeye), Igor (Winnie the Pooh)

Compositor

Frederick Chopin

Música

Boleros, Blues, Fados Portugueses

Baile

Tango

Canciones

Esta tarde vi llover (Manzanero), El abandonado, El triste (José José)

Instrumento musical

Violoncello

Animales

Venado, caballo, jirafa, camello, llama, avestruz, perros: sabueso, bassett hound, afgano y collie

EL TEMPERAMENTO COLÉRICO

Elemento: fuego
Color: rojo
Estación: verano
Animal: toro

EL NIÑO COLÉRICO

Aspectos físicos

El niño colérico es un niño fuerte, generalmente no muy alto, de hombros anchos, compacto y musculoso. Su mirada es segura, intensa y directa, por lo que no teme mirarnos a los ojos, aun cuando lo estamos regañando. También puede alzar la cabeza y mirarnos con expresión arrogante.

Siendo coordinadora de un colegio, me pidió la maestra de preescolar que hablara con uno de sus alumnos de cinco años, que tenía amenazados a sus compañeros de salón. A esa temprana edad ya se le había ocurrido cómo asustarlos para que le trajeran dulces y juguetes de sus casas. Era la primera vez que citábamos en la dirección a un alumno tan pequeño para amonestarlo.

Pedí que asistieran su madre y maestra. Samuel se sentó en un sillón del que le colgaban los pies. Mientras le hablaba, él me miraba directamente a los ojos sin parpadear mientras, enojado, fruncía los labios, apretando los dientes. No contestó a ninguna de mis preguntas, pero me impactaba la intensidad de su mirada. Al terminar le comenté a su maestra: "No sé si esto va a servir de algo, pues dudo haberlo impresionado. Nunca me había mirado un alumno con una rabia tan descarada" El problema, sin embargo, se corrigió.

Cuatro años después, cuando ya no trabajaba para el colegio, me solicitaron que observara a algunos maestros dando clases.

71

A la hora de la salida, la maestra de tercer grado, que era nueva en el colegio, me preguntó por que no había visitado el suyo y me disculpé explicándole que no había tenido tiempo. Me comentó que cuando supieron que yo estaba visitando los salones, uno de sus alumnos se puso muy nervioso, tanto que le había dolido el estómago. ¡Era Samuel!

Éste es un buen ejemplo de lo que nos puede suceder con un niño colérico: entre más lo regañamos, más se enoja y eso nos provoca para regañarlo aún más. Pensamos que por su actitud no estamos teniendo el impacto deseado. Sin embargo, como podemos apreciar en el ejemplo anterior, no es así. Cuando regañen a un colérico repítanse: está reaccionando como un colérico y no me voy a "enganchar". Sí lo estoy impactando.

El niño colérico camina con decisión, con el cuerpo echado hacia adelante, con la cabeza erguida y pisa fuerte con los talones. Siempre nos da la impresión de que tiene perfecto control de su cuerpo y sabe a dónde va. ¡Este niño se acaba los zapatos rápido! Sabemos que es colérico al caminar, pues parece que dice "Voy derecho y no me quito..."

Tiene mucha energía por lo que no necesita dormir mucho, cuando despierta está listo para entrar en acción.

Su apetito es muy bueno, aunque no es glotón. Le gusta comer carne y alimentos condimentados y duros de masticar.

Aspectos emocionales

El niño colérico es un niño intenso, impulsivo, con mucha energía y que sabe lo que quiere. Cuando se propone algo es perseverante y no desiste hasta que lo ha logrado. Puede ser testarudo y conseguir lo que quiere por pura necedad. Sus padres muchas veces terminan cediendo por fastidio y, desgraciadamente, le dan la impresión de que siempre se puede salir con la suya.

Raúl quiere ir al parque de beisbol para reunirse con sus amigos. Su madre le explica que el coche está en el taller y no podrá salir esa tarde. Raúl se enfurece y empieza a discutir. La madre lo mira pacientemente y le vuelve a repetir su argumento. Raúl le recuerda que ella le había prometido llevarlo y que cuentan con él para jugar. La madre se retira a su cuarto pero Rodrigo la sigue y cuando ella trata de cerrar la puerta, él se lo impide. "¡Basta Raúl! ¡Te dije que no puedes ir, no tengo como llevarte!" Raúl golpea la puerta enojado. La madre, exasperada, llama a su hermana para pedirle ayuda.

Quince minutos después, la tía Berta recoge a Raúl y lo lleva al estadio.

Le gustan los retos y es competitivo por lo que disfruta midiéndose con otros, se esfuerza por ser el mejor. Su tenacidad y esa tendencia de querer ser el mejor lo llevan a esforzarse y practicar hasta lograr lo que se ha propuesto.

Un amigo mío, cuando tenía once años decidió que quería jugar tenis. Después de algunas clases el entrenador le advirtió a su madre que no tenía aptitudes para ese deporte, pero ante la insistencia del muchacho continuaron con el entrenamiento. Al cabo de varios meses sus calificaciones empeoraron y la madre tuvo que prohibirle seguir jugando tenis. Cuatro años después, su madre se encontró con un viejo amigo y la felicitó. Había leído que su hijo era campeón nacional juvenil, ¡y para su sorpresa ella tuvo que confesarle que ignoraba que seguía jugando tenis!

Como podemos ver en este caso, no es que el colérico tenga grandes o mejores aptitudes que otros temperamentos, pero su tenacidad lo lleva a vencer cualquier obstáculo para lograr su meta y muchas veces destacar. Si queremos que haga algo el colérico, basta con decirle: "lo veo difícil... no creo que lo puedas hacer".

Le hemos picado la cresta y está listo para demostrarnos lo contrario.

Este niño nos muestra su cariño con golpes y empujones, ya que es brusco y no mide su fuerza. Disfruta tirarse al piso y revolcarse, los juegos rudos le divierten sobremanera. Cuando los demás niños se quejan de que los empujó o los aventó, él argumenta " ¡Pero si sólo iba pasando!"

Cuando se lastima se pone colorado pero reprime el llanto. Es orgulloso y no le gusta que lo vean llorar.

Se enoja con facilidad cuando las cosas no salen como él espera o cuando no obtiene lo que quiere y, por lo mismo, puede ser muy berrinchudo. Pero esto no quiere decir que porque un niño es colérico debe estar siempre enojado. Si esto ocurre, hay que revisar qué lo está estresando.

Maricela de cinco años, está celebrando en el jardín su fiesta de cumpleaños. Colocan la piñata y los niños se ponen en fila para pegarle. Ella insiste en ser la primera y les recuerda que es su cumpleaños. Le pega con tanta fuerza que su madre separa a los demás niños por miedo a que los lastime. Cuando termina su turno, Maricela se aferra al palo y se enoja cuando se lo quitan. Cuando otro niño rompe la piñata, se tira al piso llorando y diciendo que ella quería romperla. El padre trata de calmarla, pero cuando se da cuenta de que es imposible, pone otra piñata y deja que le pegue hasta que la rompe.

No es sensible a los sentimientos de los demás y cuando quiere un juguete simplemente lo arrebata o le pega al que se pone en su camino. Puede ser muy exigente cuando quiere algo:

La hija de una amiga, cuando tenía dos años de edad y apenas hablaba, le dijo antes de dormirse: "¡Cuéntame un cuento!... (más fuerte) ¡cuéntame un cuento!... (aún más fuerte) ¡cuéntame un cuento!... (con voz amenazante)¡uno!... ¡dos!... ¡tres!..."

A los dos años, aunque su vocabulario era limitado, ¡ya sabía cómo amenazar a sus padres! Aunque hay niños cuyo temperamento parece no definirse hasta los seis o siete años, algunos, especialmente los muy coléricos, pueden reconocerse desde pequeños. Sus reacciones son muy fuertes, tienen mucha energía y se enfurecen con facilidad si no los complacen.

Relaciones sociales

Su fuerza lo puede llevar a ser muy popular o muy temido. Cuando alguien lo contradice o no le dan lo que quiere, se pone colorado, se enoja y generalmente, ante la amenaza de uno de sus berrinches o golpes, los demás terminan accediendo.

Por su voluntad, fuerza y determinación atrae como imán a los demás niños que lo ven como su líder y lo obedecen, tanto para bien como para mal. Generalmente van siguiéndolo como una estela y están pendientes de sus deseos y decisiones, listos para jugar a lo que él, como jefe, decide. Su tarea es organizar y establecer las reglas y ver que se cumplan. Si hay disputas, él se encarga de arreglarlas. Goza mandando y recibiendo la admiración y obediencia de los demás.

Si es el mayor en su familia, ya tiene en sus hermanos a sus fieles súbditos que tienen que obedecer sus mandatos. Les dice qué hacer, cómo hacerlo y a qué hora hacerlo. Los dirige con su mirada y, si no lo obedecen, lo arregla con un golpe.

En la escuela

El niño colérico toma su trabajo con mucha seriedad. Cuando algún proyecto le interesa, enfoca toda su atención y nada lo distrae de su objetivo. Se llena de entusiasmo y sólo puede pensar en eso.

Iván está en sexto grado y le interesa mucho el fútbol. Su cuarto está decorado con posters de los mejores jugadores y hay gorras y camisetas de sus equipos favoritos clavados en la pared. Cuando se despierta hojea una revista deportiva antes de levantarse. Se apura para llegar temprano al colegio y jugar una "cascarita" antes de entrar a clases. Es el mejor jugador de su salón y lo han invitado los niños de secundaria a participar en su equipo. Su padre le ha advertido que si sus calificaciones bajan, tendrá que dejar de jugar, por lo que pone mucha atención a la maestra y se esmera por cumplir. ¡Cómo quisiera que el día tuviera más horas para poder jugar fútbol! Jamás se queja de cansancio aunque en la noche cae agotado, totalmente satisfecho con su día.

Podemos reconocer un escrito o un dibujo de un colérico porque su trazo es muy marcado pues aprieta el lápiz al grado que parece que va a perforar el papel. Sus dibujos tienen líneas muy determinadas y los colores son intensos: rojo encendido, azul brillante, verde fosforescente, rosa fucsia. Sus trazos parecen decirnos: "¡Véanme que aquí estoy!" Pero mientras el sanguíneo quiere que lo miren por atractivo o simpático, el colérico quiere que notemos su fuerza y determinación. Quiere que nos demos cuenta que bien hace las cosas.

Cuando hace la tarea no se pierde en los detalles y no necesita recordatorios para terminarla.

Si la maestra no se gana su respeto, la estará provocando y retando constantemente. Pareciera como si le estuviera diciendo "¡Demuéstrame que tú eres la autoridad, que eres más fuerte y sabes más que yo!" Por lo tanto, un alumno colérico puede ser para ella una pesadilla o una bendición.

Recomendaciones para el niño colérico

✔ Los padres deben dominar sus emociones.

 Necesitan ayudar al niño a manejar su enojo.

 Tienen que manejar adecuadamente su enojo

✔ Deben ser firmes y cumplir lo que dicen.

✔ Pedirle las cosas por la buena.

✔ Ayudarlo a desarrollar la empatía.

✔ Darle actividades físicas que lo desgasten.

✔ Proporcionarle retos.

✔ **Los padres deben dominar sus emociones.**

El niño colérico necesita padres y maestros serenos que puedan mantenerse ecuánimes y tranquilos frente a sus ataques de rabia. Deberán ser un ejemplo en situaciones que provocan enojo, para que el niño aprenda de ellos cómo desahogarse sin lastimarse a sí mismo o a los demás. En este sentido, los adultos deberán tener una respuesta flemática, permaneciendo impasibles ante sus rabietas.

Silvana, de seis años, está muy enojada porque su hermano Pablo, de dos años, le rompió accidentalmente su alcancía. Está a punto de darle un trancazo en la cara cuando su padre le detiene el brazo: "¡Silvana! Entiendo que estás muy enojada, pero no puedo permitir que le pegues a Pablo". La niña forcejea con su padre que la sostiene firmemente: "Te voy a sostener hasta que estés calmada..." Silvana, sin quitarla la vista a Pablo, grita, patea y trata por todos los medios de soltarse. El padre respira hondo, pero no la suelta. Por fin, ella empieza a llorar. "Está bien que llores, Silvana, entiendo que esa alcancía era muy importante para ti y que te duele mucho que la haya quebrado." Ella llora desconsoladamente en su hombro. "Vamos a ver qué podemos hacer para conseguirte otra." El padre la carga a su cuarto.

El adulto que se enoja y pierde la cabeza le está dando con su ejemplo, licencia para que al enojarse el niño, también grite, aviente o insulte. Cuando el adulto se pone furioso y discute con un niño colérico, le alimenta su rabia y en unos segundos tenemos a un par de toros tratando de embestirse.

El manejo del enojo en el niño

Es importante que desde niño ayudemos al colérico a manejar su enojo. El enojo, como cualquier emoción, no es ni buena ni mala, pero lo que hacemos con nuestro enojo puede ser negativo, si nos lastimamos a nosotros mismos o a los demás. No podemos ni debemos tratar de cambiar al colérico y "quitarle lo enojón". Tenemos que comprender que esta respuesta de enojo es parte de su temperamento, y ese enojo no lo podemos erradicar. El niño colérico, al igual que el adulto, no puede evitar enojarse, es su trabajo de vida, pero sí podemos enseñarlo a manejarlo de una manera adecuada. De esta forma irá poco a poco aprendiendo a reconocer su enojo, sentirlo y darle un desahogo inofensivo.

Cómo ayudar al niño a manejar su enojo

➡ Reconozco y empatizo
"Entiendo que estés enojado..."   "Se vale enojarse..."
"Comprendo que estés tan molesto..."

➡ Pongo límites
"Pero no puedes patear los muebles, golpearme,
escupirle a tu hermana, etcétera."

➡ Redirijo su comportamiento
"Pero puedes pegarle a esta almohada." "Puedes correr
en el jardín." "Puedes gritar en tu cuarto."
"Puedes estar solo y sentir tu enojo."

➡ Hablo con él cuando ambos estamos tranquilos

➡ Reconozco y empatizo

Cuando negamos el enojo, "No te enojes, no es para tanto!", distraemos, "mira mi hijo, ya va a empezar tu programa favorito", o lo ignoramos, llevamos al niño a reprimirse, a sentir que enojarse es algo malo o, peor aún, que él está mal por enojarse.

En lugar de negar, distraer o ignorar, hay que reconocerlo y validarlo. Asegurarle al niño que está bien enojarse y que entendemos que esté tan molesto. Con palabras sencillas díganle que lo comprenden. El mensaje tiene que ser muy claro:

Enojarse se vale, lastimar no.

➡ Pongo límites

Si está golpeando a otro, necesitamos contenerlo. A veces eso significa abrazarlo o sostenerle los brazos. Se hace con firmeza, sin lastimarlo. Generalmente, cuando no le permitimos golpear se sentirá muy frustrado y empezará a llorar. El llanto es un verdadero desahogo del estrés y de su frustración. Igual que con el enojo, hay que reconocer su necesidad de llorar y empatizar: "Sí, se que estás muy enojado, y quieres llorar. Está bien, llora, te vas a sentir mejor".

Jamás le diga a un niño que "no llore porque es un hombre". Cuando le dice eso lo avergüenza y lo enseña a reprimirse. Si los hombres se permitieran llorar cuando se sienten frustrados o impotentes no acumularían su enojo, y entonces no tendrían necesidad de ser agresivos o violentos.

➡ Redirijo su comportamiento

Pero podemos también redirigir lo que el niño está haciendo, es decir, que continúe haciendo lo que hace pero sin lastimar. Si está escupiéndole a su hermana, que escupa pero en el jardín.

Si está golpeando a otro niño, que golpee un cojín. Si quiere patearme, que patee una pelota en el patio. Si quiere romper algo, que rompa un periódico.

Enséñenle a desahogarse sin lastimar.

➡ Hablo con él cuando ambos estamos tranquilos

Recuerden que cuando está enojado, está intoxicado por todas las hormonas que segrega su cuerpo y no puede razonar. No es el momento para tratar de explicar, convencer o analizar la situación.

Pero más tarde, cuando el niño esté tranquilo, hay que tomarnos unos minutos y platicar con él de lo ocurrido. Es de gran utilidad describir, sin juicios, lo que sucedió para que él niño pueda "verse" cómo es cuando está enojado.

"Sabes, Rodrigo, me gustaría comentar lo que pasó ayer en la mesa con tu hermano Efrén. Estábamos cenando todos cuando Efrén mordió tu pedazo de pan, y entonces tú te enojaste muchísimo y se lo aventaste en la cabeza y le tiraste la leche encima. Cuando me acerqué, me trataste de patear, gritaste un buen tiempo y yo te abracé hasta que te calmaste."

Al describirle al niño lo sucedido sin juicios, de manera calmada, como quien ve una película, lo llevamos a "verse" y a sentir remordimiento por sus arranques. Y dije remordimiento, no culpa. El remordimiento nos impulsa al cambio, mientras que la culpa nos paraliza en una nube negativa y nos hunde.

No necesitamos reprenderlo ni sermonearlo, el simple hecho de confrontarlo con lo que ha hecho lo ayudará a tomar conciencia y empezar a responsabilizarse. De alguna manera es como confrontar a un alcohólico cuando está sobrio con lo que hizo borracho el día anterior.

Cómo manejar mi enojo frente al niño

➡ Reconozco mi enojo
  "Estoy muy enojada."

➡ Me retiro
  "Necesito estar sola y calmarme. Después hablo contigo."

➡ Hago una pausa en privado para soltar mi enojo,
    hasta que me calmo
  Puedo sentir la intensidad de mi enojo, escribir sobre
    mi enojo, caminar, etcétera.

➡ Ya tranquila, decido si necesito hablar con el niño

➡ Reconozco mi enojo

Pero todo este manejo no tiene sentido si no mostramos con nuestro ejemplo cómo manejamos nuestro propio enojo. El niño aprende ante todo con el ejemplo. Cuando nos pregunta si estamos enojados, debemos responder la verdad: "Sí, mi hijo, ¡estoy muy enojada!"

Cuando lo negamos creamos una confusión dentro del niño que nos ve enojados, nos siente enojados pero escucha que "no nos pasa nada". Él lo experimenta como una experiencia esquizofrénica, las piezas no encajan.

En cambio, cuando reconozco mi enojo, le estoy enseñando a reconocer el suyo y a aprender a dominarse.

➡ Hago una pausa en privado para soltar mi enojo, hasta que me calmo. Ya tranquila, decido si necesito hablar con el niño.

Si no me puedo retirar tengo que aprender a cerrar la boca, pues si la abro cuando estoy enojada, el riesgo de decir algo ofensivo es tremendo. Es entonces cuando insultamos y decimos barbaridades que después no sabemos cómo corregir. (Vea "El manejo adecuado del enojo" en la pág. 184)

Cuando el colérico aprende a conocer y dominar su ira, a vivir con ella, tiene menos tentación de controlar a todos los que lo rodean. Porque el colérico puede con gran facilidad ejercer ese control con su fuerza y obstinación, atemorizando a sus familiares o empleados.

Pero el padre que controla a su familia por miedo a perderlos, a que se le salgan de las manos, pierde lo más importante. Pierde su amor. No podemos querer a los que tememos porque el miedo saca a codazos al amor y lo empuja a buscar mejores lugares.

Controlamos por miedo, por falta de confianza en los demás de que pueden equivocarse pero aprenderán. El miedo a la pérdida del amor de los que le importan lleva al colérico a controlar y al melancólico a sobreproteger. Ambos están, de manera equivocada, tratando de retener lo que necesita quedar en libertad. Porque el amor no permite ser encarcelado, busca siempre volar.

✓ Los padres deben ser firmes y cumplir lo que dicen

El niño colérico también necesita sentir la firmeza del adulto que no sucumba ante sus caprichos o rabietas. Esta firmeza y sentido positivo de autoridad permitirán al niño respetarlos y los verá como un ejemplo de una expresión positiva de voluntad, fuerza y autocontrol.

"A dónde vas, Arnoldo, no puedes salir a jugar con tus amigos hasta que hayas terminado la tarea." "Por favor papá, la acabo más tarde, todos están jugando béisbol" suplica el hijo. "Lo siento, tú elegiste entretenerte haciendo otras cosas y por eso no has terminado." "Por favor, te lo ruego. Regresando no veo la tele y hago la tarea, ¡por favor!" repite Arnoldo. Cuando ve que el padre no reacciona le dice retadoramente: "¡Eres injusto, nunca puedo hacer lo que me gusta!"

"Lo siento, pero no está a discusión. Entre más rápido te apliques a hacer la tarea, más rápido terminarás", contesta el padre calmadamente.

✓ Pedirle las cosas por la buena

A este niño hay que pedirle las cosas "por la buena" pues rápidamente se pone a la defensiva cuando le hablamos golpeado o le gritamos. Basta tronarle los dedos para que esté listo para pelear. Por eso hay que pedir en vez de demandar o exigir, y evitar entrar en discusión con él.

Mi hijo adolescente un día me dijo: "Mamá, no me ordenes, ¡sugiéreme!"

✓ Ayudarlo a desarrollar la empatía

El niño colérico muchas veces no se da cuenta de cómo su fuerza y brusquedad lastiman a los demás. Necesita por eso ayudarlo a desarrollar la empatía para que se sensibilice al impacto que causa en otros. Busque un buen momento cuando ambos estén tranquilos y de buen humor, y háblele en un tono suave y cariñoso. Su meta no es que se sienta culpable, sino que se dé cuenta de lo que hizo y tome responsabilidad. La empatía sólo podemos despertarla tocando su corazón. Por eso debe hacerlo con delicadeza sin agredir ni culpar. Si no, lo único que lograrán es que se defienda y no escuche.

"Hija, tu hermana está muy dolida por lo que le dijiste. Ella es muy diferente a ti. Aunque es muy buena para todo lo artístico le cuestan mucho trabajo las materias académicas. Lo que tú logras con poco esfuerzo, para ella implica muchas horas de estudio. Por eso cuando le dices "tonta, cabeza hueca, retrasada" la lastimas. Creo que si te disculpas se va a sentir mucho mejor."

Nunca obligamos a un niño a disculparse, pero sí podemos sugerirlo. Cualquier disculpa debe surgir del remordimiento de haber lastimado a otro y del sincero. deseo de no volver a hacerlo. Por eso no podemos jamás forzarlo, pues hay el peligro de que sólo lo diga para salir del paso y lo enseñamos entonces a ser hipócrita.

✔ Darle actividades físicas que lo desgasten

Es importante encauzar su energía desbordante en actividades físicas que lo desgasten, como cargar cosas pesadas, hacer deportes, correr, etcétera. ¡Hay que agotarlo! Esa misma energía la puede usar para molestar al prójimo o para ser de utilidad.

✔ Proporcionarle retos

El niño colérico busca y necesita retos y obstáculos que lo empujen al límite de sus fuerzas. Le ayuda darse cuenta que no ha logrado todo y que aún hay muchas cosas por aprender. Lo centran y mantienen en equilibrio.

Recomendaciones para el maestro del alumno colérico

✔ Debe inspirar respeto y autoridad.
✔ Ser firme pero justo.
✔ Ponerle pocos límites y razonables, y se deberán cumplir.
✔ Reconocer su fuerza y habilidades.
✔ Darle responsabilidades.
✔ Narrarle historias de personajes heroicos.

✓ Debe inspirar respeto y autoridad

Para el niño colérico es muy importante tener un maestro que le inspire respeto y autoridad. Necesita admirarlo por sus habilidades y conocimientos, y sentir su seguridad y presencia. Tiene que quedarle muy claro que él es el maestro y, por lo tanto, la autoridad en ese salón.

✓ Ponerle pocos límites y razonables, y se deberán cumplir

El niño colérico necesita pocos límites y deberán ser razonables y justos.

¡Y se tienen que cumplir! Nada hace que un alumno pierda más rápido el respeto hacia su maestro que escuchar una orden y después ver que no se cumple. El niño parecerá en ese momento satisfecho de salirse con la suya, pero interiormente se decepcionará del adulto que no tiene carácter. Y entonces, ¡le hará la vida imposible! Se convertirá en su tormento, burlándose, y haciéndole travesuras y groserías sin fin.

Por esta razón, podemos apreciar cómo el mismo alumno puede ser respetuoso y cooperador en una clase, mientras que en otra se torna irrespetuoso y rebelde. El alumno es el mismo, el que cambia es el maestro. ¿Y esto qué nos dice? Que la respuesta está en el trato del maestro hacia el alumno. Muchos maestros, especialmente si son melancólicos, le tienen miedo al alumno colérico y se muestran débiles y complacientes, provocando su desprecio y falta de respeto.

✓ Ser firme pero justo

El alumno colérico siempre está pendiente de que las reglas sean justas y de que se respeten sus derechos. Defenderá al compañero que piensa sufre alguna injusticia y no temerá confrontar a la autoridad. El maestro necesita ser justo, firme y cumplir su palabra para poder ganarse su respeto y admiración.

✓ Reconocer su fuerza y sus habilidades

El niño colérico está constantemente buscando oportunidades para probar y demostrar su fuerza y poder.

> Un pariente mío me platicó que cuando tenía doce años dormía con la ventana abierta, y con un bat de beisbol al lado de su cama ¡por si entraba un ladrón!

Algunos maestros cometen el error de tratar de someterlo o cambiarlo. ¡Se enfrentan a una misión imposible! Sólo tendrán dolores de cabeza y conflictos interminables. Si queremos que el niño colérico coopere, debemos empezar por reconocer sus habilidades y su fuerza. Así el niño se sentirá valorado y dejará de tratar de impresionarnos.

Hay que responsabilizarlo de su fuerza:

> "Alonso, yo sé que tú eres muy fuerte. Quizá el más fuerte de este salón. Pero ser fuerte no quiere decir que te puedes aprovechar y lastimar a los demás. Tampoco quiere decir que los puedes amenazar y asustar. Ser fuerte implica una responsabilidad muy importante: la de saber utilizar esa fuerza. Gracias a ella podrás lograr grandes cosas en tu vida."

Y cabe mencionar que hay una diferencia entre reconocer y halagar. El reconocimiento alienta al niño para seguir tratando y esforzándose. Es sincero, sencillo y espontáneo. El halago, en cambio, es exagerado y meloso, y sólo puede engañar al niño muy pequeño. El halago huele a falsedad e hipocresía. El niño colérico distingue esta diferencia con gran facilidad, y nos lo hará saber con su desprecio. (Vea la página 142 de "Disciplina con Amor".)

> "Papá, no se te ocurra llamarme 'campeón' en frente de mis amigos. Me da mucha vergüenza. O mejor no vengas al partido."

✓ Darle responsabilidades

El niño colérico, cuando se siente tomado en cuenta, se relaja y se abre a las necesidades de los demás. Tiene un corazón de oro y una vez que lo tocamos, nos mostrará su generosidad y su sentido de servicio. Necesitamos darle responsabilidades que lo hagan sentirse importante y lo ayuden a canalizar su sentido de liderazgo de una manera positiva.

✓ Narrarle historias de personajes heroicos

Las historias de personajes que logran grandes hazañas le provocan admiración, pasión y el anhelo hacia aspiraciones elevadas, al mismo tiempo que le despiertan un sentido de humildad que le ayuda a mantener su orgullo en regla.

El adulto colérico

Aspectos emocionales

El adulto colérico se entrega en cuerpo y alma a lo que cree o le interesa. Sus grandes cualidades son el entusiasmo y la pasión que nos contagia al despertar nuestras almas adormecidas. Su entusiasmo nos lleva a comprender que todo es posible y que nosotros creamos nuestra propia realidad. Cuando nos comparte sus ideales, nada es imposible y pone en la palma de nuestras manos lo que unos instantes antes nos parecía inalcanzable. Vemos en su pasión cómo el elemento fuego enciende y transforma todo lo que le rodea. El entusiasmo y la pasión pueden hacer de la persona colérica una persona sumamente carismática.

Pero estas emociones también lo pueden convertir en un fanático, que ciego ante otras realidades se cierra y persigue neciamente sus convicciones. Entonces, el fuego de su pasión puede arrasar destruyendo todo lo que se encuentra a su paso, causando todo tipo de dolor y sufrimiento. Y como ejemplos tenemos a Adolfo Hitler y a los religiosos de la Santa Inquisición.

El colérico tiene una voluntad férrea y a veces desde muy joven sabe lo que quiere hacer y lograr en la vida. Esto bien puede tomarle 10, 20 o 30 años que ¡no quita el dedo del renglón!

Estando recién casados, el esposo de una amiga mía, que trabajaba como jefe del departamento de contabilidad en una fábrica de coches extranjera, nos comentó que quería llegar a ser el presidente. Trece años después era nombrado presidente de la fábrica en México.

Por esto podemos decir del colérico que "donde pone el ojo, pone la bala".

Otro amigo mío a los 19 años me confió que quería llegar a ser presidente de México. Los dos últimos sexenios ha sido secretario de Estado, y no me sorprendería que un día llegue a presidente.

Puede ser un gran visionario, pues como su atención siempre está enfocada hacia el futuro, puede vislumbrar en el horizonte, prospectos y posibilidades que sólo él puede imaginarse. Un hombre como Bill Gates, que pudo transformar la tecnología para el mundo entero, es, sin duda, un colérico.

En este afán de conseguir lo que quiere, puede caer también en creer que "los fines justifican los medios" y ser egoísta e insensible, ya que está convencido de que siempre tiene la razón y no ve la necesidad de tomar a otros en cuenta. No acepta la crítica y lo que los demás piensen o sientan lo tiene sin cuidado. Puede perderse en su ambición y arrogancia.

La persona colérica se enoja fácilmente y con gran intensidad. Cuando algo le molesta siente que "le hierve la sangre". Si no sabe manejar su enojo, puede ser agresivo y hasta violento.

Relaciones sociales

Es comprometido y leal, pero puede ser dominante y controlador y no permitir que los demás opinen.

"¿A dónde quieren ir a comer este domingo?" pregunta el padre a los hijos. Cynthia y Enrique se voltean a ver. "¡A la pizza, papá, a la pizza!" responden emocionados a coro. "Vamos a ir al nuevo restaurante japonés que acaba de abrir", contesta para su asombro el padre.

Nos preguntamos ¿para qué les habrá pedido su opinión? Pues seguramente sólo para saber si estaban de acuerdo con él. El colérico puede ser egoísta e impositivo, pensando que él tiene el derecho de tomar todas las decisiones. Los hijos y la pareja muchas veces se acostumbran a ceder, pues temen que al confrontarlo se enfurezca. El enojo y malhumor pueden ser medios muy efectivos para manipular a la familia o a los colegas.

Una advertencia típica de un colérico puede ser:

Gritando con el ceño fruncido:
    "Síganle, síganle... ¿qué quieren? ¿Qué me enoje?"

Con el índice apuntando y los dientes apretados:
    "Estáaan buscaaaando que me enoje..!!!"

Defiende las causas justas y, con el don de la palabra, es elocuente y nos convence fácilmente con sus argumentos y, si no, con su persistencia. Le encantan las discusiones y puede pasar horas hablando de un mismo tema.

En la comida familiar de Jimena, una maestra amiga mía, les llegó de improviso Óscar, un amigo apasionado de la política. Lo recibieron con aparente desgano, pues sabían que una vez que tomara la palabra, nadie más podría hablar. Con el pretexto de llevar su plato a la cocina, Jimena se paró y se sentó en la sala. Uno a uno fueron retirándose los demás comensales, hasta que Óscar quedó solo en la mesa, hablando animadamente con Juan, el esposo de Jimena, quien bajo sus lentes oscuros y sosteniendo la barbilla con su mano dormía profundamente. Cuando al fin Óscar se percató, se paró furioso, ante las risas sordas de los demás.

Éste es, asimismo, un buen ejemplo de la reacción de un flemático ante un colérico que no se altera ni discute, sino cómodamente le sigue la corriente.

Al colérico que quedaría bien la siguiente advertencia:

Me platicaba un tío de Puebla que cuando iba a reuniones y fiestas, como él no bebía, le exasperaba estar con personas que insistían en hablar y hablar y hablar de lo mismo, por lo que les decía: "¡O cambias de tema, o cambio de borracho!"

Es directo y confrontativo, no titubea para pedir lo que quiere, o para aclarar alguna situación. Esto hace que los demás lo perciban como brusco y "apabullante".

"Dame los papeles que te pedí" le dice Rodrigo a su esposa. "En un momento te los traigo, déjame terminar lo que estoy haciendo." "Los necesito ahora", le contesta mirándola fijamente: "te los pedí desde la mañana, no tengo todo el día para esperarte".

Es organizado, eficiente y rápido pero muy impaciente con los demás y no tiene tolerancia para la debilidad o la lentitud. Es exigente y mandón, poniendo tensos a los demás con sus demandas.

"Moisés, hijo, necesito que me ayudes a ordenar estos papeles alfabéticamente." Moisés los toma y empieza lentamente a hojearlos. "No te pongas a leer lo que dicen, así no acabas nunca!" Moisés empieza a separar las hojas sobre la mesa del comedor, pero se detiene a tomar un trago de su limonada. "Quéeee haces, por Dios, no puede uno contar contigo. ¡Sabes cuuuándo vas a terminar así... nunca! ¡Dámelos, mejor lo hago yo!" La madre le arrebata los papeles y se los lleva a su cuarto.

En su vida personal le es difícil relajarse y disfrutar pues se siente culpable de "estar perdiendo el tiempo". La idea del colérico de tomar vacaciones a veces es simplemente cambiar de escenografía, pues transporta su trabajo y su celular, y listo, continúa con sus pendientes.

Carlos, Camila y sus dos hijos han decidido tomar cuatro días de vacaciones en las playas de Cancún. Los niños corretean en la arena, mientras Carlos, con la mirada perdida, responde automáticamente a los comentarios de su esposa Camila. "Ojalá no se venga una devaluación del peso, porque no sé cómo voy a pagar ese préstamo", piensa a la vez que extiende su toalla sobre el camastro, los libros y la laptop sobre la mesita. "No me digas que vas a trabajar", protesta su esposa. "No, cómo crees, sólo voy a revisar unos pendientes que tengo." Carlos trabaja y toma recesos ocasionales los siguientes dos días.

El último día de vacaciones, Carlos baja a la playa con las manos vacías. "Tenías razón, Camila, ¡a la goma con el trabajo! Me voy a echar una nadada."

O convierte el viajar en una ardua tarea cultural, en donde cada momento debe ser aprovechado para justificar las vacaciones. Enrola a la familia en excursiones agotadoras en donde cada minuto hay una actividad. Los sanguíneos le seguirán el paso con todo gusto, pero en los museos pasarán más tiempo platicando que escuchando al guía. Los melancólicos y flemáticos harán lo imposible por zafarse de acompañarlos, pues les parecerá una tortura tener que seguirles su incansable paso. El colérico impondrá horarios, decidirá las actividades y los despertará para "aprovechar el día al máximo".

Muchos hombres o mujeres de negocios muy exitosos, que por estar totalmente absortos en sus proyectos nunca tienen tiempo para sus familias, son coléricos cuya primera prioridad es su trabajo. A última hora cancelan las vacaciones que la familia con tanta ilusión ha estado esperando ante el prospecto de ver a un nuevo cliente.

José Luis llega a casa para encontrarse con su esposa Andrea empacando varias maletas. "¿Qué haces?" "Cómo que qué hago, empacando para las vacaciones. Quedamos que el viernes nos íbamos a Acapulco con los niños." "¿Este viernes?" "¡Claro que este viernes! Me dijiste que hiciera las reservaciones donde yo quisiera y que tomaríamos tres días de descanso." "Ah, sí, pero ahora lo veo difícil, el ingeniero Martínez viene de Torreón y quiere platicar del asunto de las maquilas, no creo que pueda ir... pero váyanse ustedes, yo haré todo lo posible por alcanzarlos el domingo." Se acerca a darle un beso, evitando mirarla a los ojos, mientras ella lo rechaza y sale furiosa de la habitación.

Los deportes, que para otros temperamentos son diversiones, para el colérico son asuntos serios. Cuando juega tenis, o ajedrez, el colérico lo convierte en una tarea que deberá desempeñar al máximo de sus capacidades, logrando un grado importante de competitividad.

Emilio acaba de descubrir el ajedrez. Orgullosamente abre la caja, coloca las figuras en el tablero, y se dispone a leer el instructivo. Regaña a sus hermanos por hacer ruido, y las próximas horas las dedica a estudiar. Al día siguiente consigue nuevos libros sobre ajedrez y juega con cuanta persona esté disponible. Las próximas semanas practica en todos sus ratos libres y disfruta enormemente cuando gana. Al poco tiempo, está retando a jugadores en el internet, a pesar de que sus padres lo regañan porque se ha atrasado en sus quehaceres. Unos años después está participando en campeonatos internacionales de ajedrez.

La madre y el padre coléricos

Los padres coléricos tienden a ser exigentes y controladores. Dirigen las vidas de sus hijos y deciden qué y dónde deben estudiar, y qué amigos deben tener.

"¿Quién es ese muchacho que te acompaño hasta la puerta?" pregunta el padre. "Es Roberto, un compañero de mi clase de italiano", responde tímidamente la hija. "No me gusta, no quiero volver a verlo contigo", le advierte el padre.

Como son competitivos empujarán a los hijos a destacar sin importarles sus preferencias y no tendrán paciencia con la lentitud de los hijos melancólicos o flemáticos.

"¿Cómo que no quieres participar en la competencia? No sólo lo vas a hacer, sino que vas a ganar ¿me oyes? La vida es de los triunfadores, no de los holgazanes y mediocres. ¿Acaso quieres ser un "bueno para nada"? le grita exasperado el padre al hijo que acobardado se retira a su cuarto.

Si no controlan su enojo, los hijos crecerán temiéndoles. Los hijos coléricos se rebelarán, pero los demás adoptarán actitudes sumisas, reprimiendo su resentimiento.

En su trabajo

Su pensamiento es claro y práctico y es rápido para llegar a conclusiones y juicios, los cuales sostiene ante viento y marea. Puede ser necio y rígido. No le teme a los conflictos y los afronta inmediatamente:

Adriana espera impacientemente que llegue Paty, su compañera de trabajo, a la que otra vez se le ha hecho tarde. "Mariana, quiero que hoy me acompañes para hablar con Paty. Ya estoy harta de que llegue siempre tarde y a nosotros se nos cargue el trabajo." Mariana (que es sanguínea) asiente, pero no se ve muy convencida. Cuando por fin llega Paty, Adriana le hace señas a Mariana de que la siga. De manera directa y enérgica y con pocas palabras, le advierte que está cansada de su falta de responsabilidad y que si vuelve a llegar tarde, la acusará con el jefe. Cuando Adriana se retira enojada, Mariana le comenta a Paty, que tiene lágrimas en los ojos: "Qué exagerada, ¿verdad?, ni que fuera para tanto."

El colérico "toma el toro por los cuernos" y no se anda con rodeos. Sabemos lo que piensa y las consecuencias si no acatamos sus deseos. Puede ser muy intimidante como jefe o padre de familia.

Para el adulto colérico la vida es un "trabajo que asume con toda seriedad y compromiso". En su trabajo es comprometido, entregado, sacrificado y leal, además de estar dispuesto a "defender la camiseta ante todo". Espera el mismo compromiso de los demás, pero su primera exigencia es hacia sí mismo. Trabaja horas extras sin que nadie se lo pida y su trabajo es motivo de orgullo.

Profesiones

Sus habilidades de liderazgo lo llevan a ser político, militar y empresario, a ocupar cualquier trabajo en donde dirija y esté en posición de mando. Estas habilidades encauzadas en sentido positivo pueden llevarlo a pelear por causas justas, a sostener ideales elevados y a realizar grandes cambios para beneficio de toda la humanidad. Por otro lado, en un sentido negativo, puede caer en el despotismo, la tiranía, la destrucción o el aprovechamiento para satisfacer solamente sus fines personales.

Es competitivo y amante del riesgo. Por lo que puede ser rescatista, bombero, corredor de autos o deportista profesional.

También es conquistador y amante de la aventura. Su valor y coraje lo pueden llevar a enfrentarse ante las situaciones más adversas con gran temeridad. Los grandes descubridores que son capaces de enfrentarse a toda clase de adversidades, se recargan en su vena colérica para contactar la fuerza necesaria para no desanimarse.

Profesiones

Políticos, militares, empresarios, ejecutivos, gerentes, directores, abogados, corredores de bolsa, deportistas profesionales, corredores de coches, descubridores, conquistadores, bomberos, rescatistas, policías, detectives, luchadores, boxeadores, toreros

Personalidades

Napoleón Bonaparte, Juana de Arco, Hernán Cortés, Adolfo Hitler, Francisco Franco, Sadam Hussein, Margaret Thatcher, Fidel Castro, Emiliano Zapata, Pancho Villa, Carlos Salinas de Gortari, Pablo Picasso, David Alfaro Siquieros, Sylvester Stallone

Personajes de historietas

Hulk, Lucy (Charlie Brown), Dragon Ball Z, Pluto, Popeye

Compositores

Ludwig Van Beethoven, Richard Wagner, Metallica

Música

Marchas militares, Heavy Metal

Canción

El rey

Instrumentos musicales

Instrumentos de percusión, batería, trompetas

Animal

Toro, búfalo, tigre, tiburón, piraña, águila, perros: rotweiller y pit bull, hormiga

El TEMPERAMENTO FLEMÁTICO

Elemento: tierra
Color: verde
Estación: invierno
Animal: oso

EL NIÑO FLEMÁTICO

Aspectos físicos

El niño flemático es tranquilo y se mueve lentamente. Hace todo con cuidado, despacio, atendiendo a todos los detalles pues para él nunca hay una razón lo suficientemente importante para apresurarse. Su cara es un tanto inexpresiva, por lo que es difícil saber qué está pensando o sintiendo. Sus ojos son redondos, abiertos, con mirada inocente. Le gusta estar sentado observando la actividad a su alrededor y cuanto menos se tenga que mover, más a gusto está. En pocas palabras, ¡no le corre la vida!

Comer es su fascinación y disfruta cada bocado. Al poco tiempo de haber desayunado, ya estará pensando en el refrigerio del colegio y después, en la hora de la comida. No es melindroso pero le gusta especialmente la comida que engorda.

Ramiro toma su lonchera y se dirige a la banca que está bajo el árbol en el patio. La abre lentamente y trata de decidir qué deberá comerse primero: el sándwich, su durazno o el yogurt. Qué bueno que le pusieron el yogurt de fresa, pues el de guayaba tiene demasiadas semillas. Abre su sándwich y lo revisa, sólo tiene una rebanada de jitomate, pero qué bueno que le pusieron suficiente mayonesa. Sí, decide, primero el sándwich, porque tiene mucha hambre... y lo puede ir acompañando con pequeños sorbos de yogurt. Le encanta la combinación de lo salado con lo dulce. Cuando suena la campana para entrar a clases, está doblando la servilleta sucia de papel y la lleva al basurero.

Es muy dormilón: el primero en acostarse y el último en despertar. Recuerdo que de bebé uno de mis hijos que es flemático, cuando lo perdíamos de vista en la noche, lo encontrábamos profundamente dormido sobre su cobija.

Tiene un sueño tan profundo que es difícil encontrar un despertador lo suficientemente fuerte para despertarlo, pues sencillamente no lo escucha. Sus resoluciones del día anterior se evaporan ante la perspectiva de seguir en el más allá.

Un primo mío, cuando era adolescente y tenía exámenes, ponía el despertador y le pedía además a su novia que lo llamara temprano por teléfono, para asegurarse de no quedarse dormido. Cuando en la mañana ella llamaba, le contestaba, le agradecía la llamada y se volteaba para seguir durmiendo.

Para el niño flemático la rutina diaria es muy importante, le gusta comer y dormir a sus horas, regresar directo a casa después de salir del colegio y pasarse la tarde tranquilo en casa. Al contrario del sanguíneo, no le gusta andar del tingo al tango, pasando de una actividad a otra. No le gustan los cambios ni las sorpresas.

Aspectos emocionales

El niño flemático es introvertido y ecuánime. Tiene un corazón noble, es amable y obedece de buena gana, siempre y cuando no le pidamos que se apure; las prisas lo paralizan o lo vuelven torpe.

Es complaciente y se adapta con facilidad a las circunstancias que lo rodean, siempre y cuando no sean demasiado "movidas". Cuando no quiere hacer algo, no discute ni nos contradice, simplemente no se mueve. Aplica lo que llamaríamos *resistencia pasiva*. Si le insistimos y se siente presionado nos dirá que sí, ¡pero no nos dirá cuando!

Es casero y prefiere invitar a niños a su casa que ir de visita.

"Mamá, Rogelio me quiere invitar a su casa después de clases mañana, pero yo no quiero ir. Si te dice algo, dile que tenemos cita con el dentista… por favor, mamá, sí es mi amigo y me cae muy bien, pero entiéndeme que ¡no quiero ir!"

Es ordenado y apegado a sus cosas y no le gusta dormir en otro lugar que no sea su cama.

Relaciones sociales

Es callado y solitario y no necesita compañía y se entretiene fácilmente solo. Le gusta observar la actividad de sus compañeros y no le molesta no participar.

Tiene pocos amigos pero es leal y ellos saben que cuentan con él pase lo que pase.

En la escuela

En el salón de clases es un niño calmado que nunca causa problemas. No demanda atención ni es exigente. Puede sentarse al final del salón, pues como es muy tranquilo no molesta a sus compañeros. Sin embargo, corre el riesgo de ser olvidado por la maestra, ya que a este tipo de niño le gusta pasar desapercibido.

Es un tanto inseguro y teme ser puesto en evidencia. Generalmente no alza la mano pues piensa: "Para qué si ya hay tantos voluntarios". Si sabe le gusta pasar al pizarrón, pero lo evita cuando teme equivocarse o sentirse inadecuado.

Cuesta trabajo interesarlo y es lento para aprender, pero una vez que sabe hacer algo podemos estar seguros de que siempre lo hará bien y con precisión. Tarda en comenzar su trabajo, pero una vez que inicia es perseverante y termina. Pero, para desesperación de todos los demás, siempre es el último.

Recomendaciones para el niño flemático

✓ Darle un desayuno ligero.

✓ Fomentarle el ejercicio.

✓ Respetar su ritmo lento.

✓ Respetar su rutina.

✓ Invitarle amigos.

✗ No permitir que se aísle.

✓ Darle un desayuno ligero

Es importante que los padres cuiden su dieta pues como disfruta tanto comer y no le interesa moverse, con facilidad subirá de peso. Esto puede ocasionar que se vuelva objeto de burlas y apodos por parte de sus compañeros, lo cual lo hará sentirse desdichado.

Agustín está sentándose a desayunar. Su padre le ha preparado unos huevos rancheros con doble ración de tortillas. "Tómate primero tu jugo, mi hijo, ¿quieres frijoles refritos?" Cuando asiente con la cabeza, su padre le sirve y le acerca su leche con chocolate y el pan dulce. Una vez que termina, Agustín se pone la chamarra sobre sus pants y se sube al coche para ir al colegio.

Entra al salón y se dispone a acomodarse en su pupitre: arregla cuidadosamente sus útiles y se baja el cierre de la chamarra pero no se la quita. A media clase de matemáticas, la maestra voltea a ver a Agustín que, acurrucado en su lugar dormita con los ojos abiertos.

¡Cómo no va a estar dormido! ¡Su cuerpo, gracias a su térmica chamarra y juego de pants, está en estado de incubación y totalmente concentrado en el difícil proceso de metabolizar el temendo desayuno que su padre tan amorosamente le ha preparado!

Es importante que no desayune pesado antes de ir al colegio, pues toda su energía se irá al metabolismo y estará somnoliento y desinteresado y desaprovechará las primeras horas de clases.

Pero el flemático puede sabotear los esfuerzos de los padres por que cuide su dieta como en la siguiente anécdota.

Susana, la madre sanguínea de Ruth, siempre estaba preocupada por que su hija bajara de peso y por eso ponía especial empeño en que llevara al colegio un refrigerio saludable pero bajo en calorías: verduras ralladas con limón y chile. Un día se encontró con la madre de Sandy, la mejor amiga de Ruth, en el supermercado. "Susana, qué gusto verte. Tengo mucha pena pues le prometí a Ruth la receta del pan con el que preparo los sándwiches de mi hija que le encanta. No sé si sepas, pero dice Sandy que todos los días intercambian: ella se come la verdura de Ruth y Ruth mis sándwiches."

Es cierto que a veces aunque los padres hagan su mejor esfuerzo, de nada servirá si el hijo no está interesado y no quiere cooperar. Si los padres presionan de más, resultará contraproducente. El hijo puede sentirse no aceptado y no querido y rebelarse comiendo aún más.

✔ Fomentar que haga ejercicio

Necesitamos alentarlo para que haga algo de ejercicio, pero comprender que deberá ser un deporte que sea de su agrado, es decir, que no sea competitivo ni violento. Puede gustarle la natación, caminar, el boliche. Por su parte, el adulto disfrutará especialmente el golf, la yoga y la pesca. ¿Quién, si no un flemático, puede esperar pacientemente horas hasta que un pez pique el anzuelo?

También debe estar prevenido, pues una vez que ha terminado de hacer ejercicio, se le despertará nuevamente el apetito, ¡pero ahora con el agravante de que piensa que se ha ganado y merece una buena comilona!

✓ Respetar su ritmo lento

El flemático es lento y necesita más tiempo para realizar cualquier actividad, por lo que debemos tomar la precaución de levantarlo antes y calcular cuánto tiempo necesitará para vestirse y desayunar, sin sentirse presionado. Si no somos flemáticos, necesitamos observarlo detenidamente para poder respetar su calma y no esperar que se adapte a nuestro horario.

Como tarda en reaccionar y contestar, a veces nos da la impresión de que no ha comprendido o no va a hacer lo que le pedimos, pero muchas veces nos sorprende que una hora más tarde se acerque a mostrarnos la tarea finalizada.

Moraleja: hay que tener paciencia y confiar. Hace todo, pero a su tiempo.

✓ Respetar su rutina

La rutina le da seguridad a cualquier niño, pero especialmente al niño flemático, que se apoya en la rutina para pasar con confianza de una actividad a otra. ¡Qué bien se siente cuando sabe y se prepara con antelación para lo que sigue! Al contrario del sanguíneo, no le gusta que el día esté salpicado de imprevistos que lo sacan de su confiable rutina. Cuando le respetamos esta necesidad en casa, lo vemos relajado y contento.

✓ Invitarle amigos

✗ No permitir que se aísle

El niño verdaderamente flemático es un niño solitario. Al recogerlo en la escuela no invitará a otros niños ni querrá ir de invitado a otra casa. No siente la necesidad de estar acompañado de otros niños y se siente confortable en casa con su familia, su mascota o sus juguetes, o viendo la televisión.

Sin embargo, para que no se aísle y aunque proteste, debemos invitarle amigos por lo menos una vez a la semana. Necesitamos rodearlo de otros niños para ayudarlo a ampliar su horizonte e incluir nuevos intereses, obligándolo a salir de su mundo, seguro, pero reducido.

Recomendaciones para el maestro

✓ Destaparlo para que esté más alerta.
✓ Sentarlo atrás pero no olvidarlo.
✓ Darle más tiempo para hacer las cosas.
✓ Escucharlo con atención aunque tarde en expresarse.
✓ Alentarlo en vez de criticarlo
✓ Rodearlo de otros niños y no permitir que lo excluyan.

✓ Destaparlo para que esté más alerta

El alumno flemático querrá quedarse bien abrigado con su suéter o chamarra, como un cálido osito. Pero, ya conocemos los peligros de permitirle estar demasiado cómodo. Escucharemos sus ronquidos al poco rato.

Así que, ¡a destaparlo aunque proteste! Al estar más fresco, también estará más alerta y más despierto.

✔ Sentarlo atrás pero no olvidarlo

Qué bueno que hay un tipo de niño que podemos sentar, sin peligro, hasta atrás del salón de clases: el niño flemático. Ésa es la buena noticia... ¿Desea escuchar la mala? Hay pocos flemáticos en las culturas latinas, abundando en cambio, los melancólicos, sanguíneos y coléricos.

Pero sentar al flemático al fondo del salón tiene sus peligros: como es tranquilo, obediente y callado, corremos el riesgo de olvidarlo.

> Sandra, la maestra del preescolar, está en la puerta del colegio ayudando a entregar a los alumnos a la hora de salida, cuando se acerca el abuelo de Juan Carlos, que habitualmente lo recoge los viernes. Cuando ve la cara de sorpresa de la maestra, le pregunta: "Sí vino a clases, ¿verdad?" "Permítame un momento, por favor." Sandra se retira rápidamente encargándole la puerta a otra colega, mientras trata de recordar si vio a Juan Carlos esa mañana. Por más que trata, no lo recuerda. Es cierto que tiene un grupo grande pero, ¿cómo venía vestido? Localiza a su asistente y le pregunta en voz baja: "Oye, ¿vino a clases hoy Juan Carlos?" "No, avisó su madre que amaneció con calentura. Seguramente se le olvidó avisarle al abuelo."

Los que hemos sido maestros y somos algo distraídos, seguramente habremos tenido una experiencia parecida y la guardamos en el repertorio de "vergüenzas que preferimos no recordar". Pero es al niño flemático, bien portado y silencioso, al que corremos el riesgo de olvidar, pues al colérico que muerde y patea lo tendremos siempre cuidadosamente en la mira.

✓ Respetar su ritmo lento

La maestra escribe en el pizarrón las instrucciones para el dibujo que deberán realizar para la clase de historia. Jaime observa cómo su compañera de banca, Jimena, abre rápidamente su cuaderno y empieza a sacar los lápices de colores, conforme los nombra la maestra, después empieza a dibujar. Cuando la maestra les indica que ya pueden comenzar, Jaime se dispone a sacar su caja de colores. La abre cuidadosamente y los ordena de más claros a más oscuros. Lee cuidadosamente las instrucciones y observa detenidamente su hoja. "Sería bueno hacer un barco bastante grande", piensa, mientras Jimena colorea con trazos rápidos y descuidados el fondo de su dibujo. Cuando ella se para a entregarlo, Jaime apenas comienza a iluminar el suyo.

El niño flemático vive en un esquema de tiempo distinto al de los demás; para él sólo existe el momento presente y pasa de una sensación a otra sin prisa alguna. Pero de ninguna manera significa que por ello sea menos inteligente o menos capaz. Cometemos el error de pensar: rápido, listo; lento, tonto. Pero no es así. Recordemos que el genio, Albert Einstein, era flemático. Una persona puede ser brillante y tener un ritmo lento para hacer las cosas, mientras que otra persona puede ser veloz y no muy lista.

La época actual, llena de estímulos y cambios rápidos, que disfrutan tanto los sanguíneos como los coléricos, parece no dejarles un espacio al flemático y al melancólico, que se tienen que conformar con mal adaptarse a su ritmo acelerado. Los tres flemáticos de mi familia: mi abuelo, mi hermano y ahora mi hijo, en protesta a este asalto a sus personas, se han negado a llevar un reloj. Y para asombro de los demás miembros de la familia, ¡no les hace falta!

✓ Escucharlo con atención aunque tarde en expresarse

El flemático tarda en decirnos lo que quiere, parece no encontrar las palabras adecuadas, y sus puntos suspensivos llegan a ser pausas interminables. A veces habla con rodeos impacientando a sus compañeros que tuercen la boca cuando saben que le toca contestar. Como maestros necesitamos poner el ejemplo y escucharlo con toda paciencia y atención.

✓ Alentarlo en vez de criticarlo

Es importante alentarlo, pues como tiende a ser inseguro necesitamos ayudarle a desarrollar su autoconfianza. La crítica lo desalienta y desanima, le reafirma su sentido de inadecuación.

✓ Rodearlo de otros niños y no permitir que lo excluyan

Hay que cuidar que no se separe de sus compañeros o lo excluyan de sus juegos. Observar con quién tiene buena relación y fomentar la convivencia fuera del colegio.

No permitir que falte a excursiones, viajes o eventos del colegio sólo porque no quiere participar o le da flojera. Muchas veces los padres lo consienten, permitiéndole quedarse en casa, sin darse cuenta de que se pierde de un aprendizaje importante.

El adulto flemático

Aspectos emocionales

El adulto flemático es una persona ecuánime que no pierde la cabeza en una emergencia. Sortea la peor de las tormentas con inalterable tranquilidad. ¡Algunos amigos lo acusarán de que le corre atole por las venas!

En mis talleres, me gusta preguntarles a los participantes cómo se imaginan que reaccionarían personas de los distintos temperamentos en un cine, ante el grito de ¡fuego!

He aquí algunas posibilidades:

Sanguíneo (corriendo histéricamente en círculos en dirección opuesta de la salida): ¡¡¡Fuego, fuego, nos quemamos, nos quemamos!!!

Colérico (dos posibilidades): primera, salva su pellejo empujando y pisoteando a los demás, y cuando está afuera se pregunta: "¿Y mi esposa?; segunda, empieza a ordenar y a organizar a todos para salgan en calma.

Melancólico (llorando a mares): ¡¡mis hijos, mis hijos!! ¿Quién cuidará de ellos? ¡¡Me voy a morir!!

¿Y qué podemos imaginarnos del **flemático**? ¡Pues que es el único que recoge sus palomitas, su refresco y su chamarra y calmadamente se dirige hacia la puerta menos congestionada!

Sin embargo, hay que saber que aunque es muy paciente y aguanta, aguanta y aguanta, el día que se le colma el plato, estalla con una furia que deja temblando a todos. Y es por esto que se dice del flemático que es un volcán dormido.

Y cuando es hora de comer... ¡es hora de comer!

Maribel, una amiga mía, estacionó su coche mientras recogía a su hija del colegio, y cuando lo buscó se dio cuenta de que se lo habían robado. Tomó un taxi a su casa y esperó a que llegara su esposo, Mauricio, pues sabía que ya venía en camino para comer. Alarmada, le platicó lo sucedido y le pidió que la acompañara a buscarlo, pues pensó que seguramente estaría escondido cerca del colegio, ya que tenía un seguro contra robo que apagaba el motor. Mauricio miró su reloj: "Está bien, pero son las 2:00 p.m. y es hora de comer. No pasa nada, no te preocupes. Cuando terminemos vamos a buscarlo." Y se sentaron a comer. Mientras comía pausadamente, le preguntaba a su esposa por qué no tenía apetito. Cuando terminó el postre, lo fueron a buscar y lo encontraron, efectivamente, el coche estaba oculto tras unos matorrales. "Ves," le dijo Mauricio: "te dije que no pasaba nada".

Su vida es ordenada y rutinaria pero puede volverse muy aburrida, pues no le cruza por la cabeza que puede hacer algo para cambiarla. Si se te ocurre invitarlo al cine un martes, te dirá que él sólo va al cine los viernes y no te acompañará, ¡por más que le ruegues!

Es bastante callado y las palabras parecen gestarse con mucha dificultad dentro de su garganta. Tenemos la tentación de querer pegarles en la nuca para que les fluyan con mayor rapidez. Si hablamos con ellos por teléfono, pensaremos que se cortó la comunicación, ¡sólo para encontrar que ahí siguen!

Es conservador por naturaleza, le gusta lo conocido y se resiste ante cualquier cambio.

El flemático no es vanidoso y la moda lo tiene sin cuidado, lo que le importa es la comodidad. Puede usar la misma indumentaria varios días, sin importarle cómo se ve.

Decía el esposo de una amiga cuando iban a una comida familiar: "Para qué quieres que me arregle, si al fin ya todos me conocen". Y cuando salía a la calle: "Y para qué quieres que me arregle, si al fin nadie me conoce".

Los pants y los tenis seguramente fueron inventados por un flemático. Si le acomoda un par de huaraches, ¡es capaz de ponérselos en invierno con calcetines! Si le gusta un modelo de ropa o zapatos se comprará varios para no tener en un futuro que buscar algo diferente.

A un pariente mío, que vive en Puebla, le acomoda un modelo de zapatos marca Florsheim. Me platica su esposa que cuando eran novios ya usaba ese modelo y que ella ahora tenía anotado el número pues se encargaba de comprarle siempre dos pares negros y dos pares cafés, pues le gustaba siempre tener un par de reserva.

Un día me lo encontré en México y me dijo muy apurado que venía a averiguar si era cierto que iban a descontinuar su modelo de zapatos. Afortunadamente era una falsa alarma. Siguió con su mismo modelo hasta el año pasado que cumplió 17 años de casado. Para su consternación y después de mucho probarse, se vio forzado a tener que escoger otro modelo. ¡Esperemos que le dure otros 17 años!

Lo increíble es que cuando le comenté que iba a incluir esta anécdota en el libro, me dijo: "Conozco mejor a mis zapatos que a mi mujer".

Si planea un viaje lo hace de acuerdo a los restaurantes donde piensa comer, y puede estar feliz sentado en una cafetería horas saboreando un café con pastelitos, viendo a la gente pasar. Como vive en el eterno presente, ¡dispone de todo el tiempo del mundo!

"¿Qué te parece si vamos a Veracruz unos días? Mira, podemos salir muy temprano para llegar a desayunar a El Gaucho donde hacen unos chilaquiles riquísimos. Al mediodía nos vamos al Criatito a comer mariscos frescos y su especialidad, las jaibas desnudas, y de ahí a un cafecito en La Parroquia del centro para bajar la comida. Luego una siesta obligada y, bueno, ya cenaremos algo más ligero en..."

Relaciones sociales

El flemático huye de las discusiones o situaciones conflictivas. Pero como es buen observador, veraz en sus comentarios y ecuánime en sus sentimientos, puede ser objetivo e imparcial. Sus juicios son sensatos y lógicos. Por lo tanto, es un buen consejero o mediador que dice las cosas como son, sin adornarlas o tratar de quedar bien.

El flemático es solitario por naturaleza y si desde niño no se le fomentan las relaciones sociales que lo abran al mundo, puede volverse aburrido y apático, sin querer salirse de sus rutinas.

Un día que estaba de paso por la ciudad de México, se me ocurrió buscar a un amigo que hacía tiempo no veía. "Hernán, como estaba cerca de tu casa pensé en pasar a invitarte para ir al cine. Hay una excelente película que me han recomendado mucho." "Gracias," me contestó, "pero yo voy al cine los viernes."

Ni modo, mala suerte, era miércoles y no tocaba ir al cine.

La madre y el padre flemáticos

Los padres flemáticos son pacientes, bondadosos y siempre están en casa. Son excelentes amas de casa pues crean un verdadero ambiente de bienestar en el hogar: todo está limpio y en su lugar, el refrigerador siempre está lleno de comida y la casa impregnada de olores apetitosos. Los niños están bien atendidos y reina la paz y tranquilidad. Su apego a la rutina será de gran apoyo para los hijos pequeños.

Sin embargo, pueden caer en la comodidad y no querer molestarse en recoger o llevar a los hijos, aunque se pierdan de participar de las actividades que les interesan. Preferirán recibir invitados para no verse obligado a salir.

> "Hijo, si quieres ir a bailar, organízate para que alguno de tus amigos te regrese a casa. Ni de broma voy por ti a las tantas de la madrugada."

Al adolescente le pueden parecer sus padres demasiado tranquilos y aburridos, pero no habrá el peligro de que caigan en largas discusiones o pleitos acalorados. El padre flemático evitará confrontaciones con los hijos dejándolos hacer lo que ellos quieren.

Como es previsor y ahorrativo con el dinero, proporciona seguridad económica y un sentido de estabilidad a la familia. El flemático no sufre de las tentaciones que atormentan al sanguíneo cuando va a las tiendas y todo se le antoja, pues sólo compra lo que verdaderamente le hace falta y lo demás lo encuentra superfluo e innecesario.

En el trabajo

Es un excelente trabajador pues es puntual, leal, responsable y meticuloso. No es dado a los chismes ni a los conflictos y esto le gana la confianza de sus colegas y superiores.

Al flemático le gustan los trabajos minuciosos y repetitivos. Como cuida los detalles, es ordenado y no tiene prisa, es excelente contador, administrador, bibliotecario o investigador.

Por su imparcialidad, objetividad y amor a la verdad, es excelente mediador, consejero o juez.

Y por su gusto a la comida, panaderos, chefs y catadores de vino.

Retrato de un flemático

Mi abuelo era hombre de pocas palabras
Por lo que le decían El mudo.

Cuando tocaba el picaporte del zaguán
Y preguntaban quién era
Sin decir palabra se señalaba el pecho con el pulgar.

Cuando contestaba el teléfono
Si preguntaban por la abuela
Negaba con la cabeza y colgaba.

Cuando atendía los partos
Decía con su habitual calma
"El niño llega cuando llega".

En vez de hablar, observaba
Pero en su silencio
Sentíamos su presencia.

De él aprendimos que
El amor no necesita palabras
Y que la paciencia todo lo alcanza.

Conservó su apetito y amor por la vida
Hasta que murió de muerte natural
A los 102 años.

Profesiones

Contadores, actuarios, bibliotecarios, investigadores, antropólogos, cirujanos, boticarios, inventores, escritores, administradores, burócratas, notarios, jueces, mediadores, catadores de vinos, astrónomos, relojeros, nodrizas, amas de llaves, chefs, panaderos, cantantes de ópera, artesanos, costureras, sastres, campesinos

Personalidades

Albert Einstein, Reina Isabel, Boris Yeltsin, Paul Cezanne, Fernando Botero, Plácido Domingo, Luciano Pavarotti, Henry Moore, James A. Michener, Erick Satie, Capulina

Colérico-flemáticos

Mahatma Gandhi, Winston Churchill, Napoleón Bonaparte, Manuel López Obrador

Personajes de historietas

Winnie the Pooh, Tribilín, Homero Sympson, Snoopy (Charlie Brown), Manolín (Mafalda), Obelix

Compositor

Claude Debussy

Música

Música de relajamiento y New Age

Baile

Danzón

Canciones

Penélope (Juan Manuel Serrat) y *Oye Bartola*

Animales

Oso, elefante, hipopótamo, vaca, borrego, gorila, orangután, búho, ballena, elefante marino, tortuga, caracol, oruga, perros: San Bernardo, mastín

Cambios a lo largo de la vida

El temperamento es algo con lo que nacemos, como lo es nuestra constitución física: estatura, complexión, color de pelo y ojos. Sin embargo, de la misma manera que esta constitución física se va modificando conforme crecemos y envejecemos, nuestro temperamento también se transforma al pasar de los años.

En la **niñez**, todo ser humano pasa por el **temperamento sanguíneo** que lo hace pisar sin tocar la tierra, actuar sin medir las consecuencias y alternar la risa con el llanto. Lo hace inquieto y disperso, preguntón e inoportuno. Lo lleva a moverse sin parar, meter la nariz en todo y vivir despreocupadamente. Le da el regalo del asombro para apreciar el encanto de lo vano y lo trivial. Lo seduce a indagar, descubrir y experimentar. Y, por último, le da el perdón y el olvido para mantener intacto su cariño.

Y ¿qué pasa cuando llega a la **adolescencia?** Una madre se quejaba:

"No sé qué le ha pasado a Regina, era una niña tan linda, tan obediente, y ahora la desconozco, está totalmente trasformada. Ayer se puso furiosa y me empezó a gritar que por qué no encontraba su secadora y que estaba harta de que sus hermanos le tomaran sus cosas. Azotó la puerta y se encerró durante dos horas. Hoy amaneció mejor, pero bastante malhumorada. ¡Me la cambiaron!"

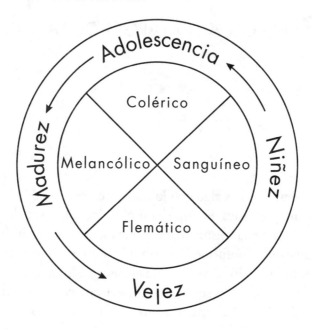

Pues sí, Regina pasó de la niñez sanguínea permeada por el elemento aire: ligero, volátil y expansivo, a la adolescencia con el elemento fuego del **temperamento colérico**: candente, intenso y transformador.

Se está transformando ante nuestros propios ojos. Inicia un proceso desconcertante para ella y para nosotros. Pero hay que recordar que el adolescente también nos trae un regalo: sus sueños. ¿Qué puede ser más vigorizante que escuchar a un adolescente platicarnos sus sueños? Lleno de pasión y entusiasmo, vemos cómo contacta esa fuerza arrasadora que nos hace recordar con añoranza nuestros propios sueños de juventud. ¡Y cómo necesitamos que nos inyecten su ánimo para desempolvar nuestras propias ilusiones, marchitadas por el paso de los años! ¡Necesitamos permitir que nuestros adolescentes nos despierten, nos vigoricen y nos contagien su pasión y amor por la vida!

Después llegamos a la **edad madura** y nos damos cuenta de que aunque el alma sigue joven, el cuerpo ha envejecido. Hemos perdido nuestra juventud; si escuchamos las voces por siempre sanguíneas de nuestra cultura, que ven la vejez como una enfermedad que debemos a toda costa erradicar, sufriremos el paso de los años como una gran tragedia. Nos resistiremos agarrándonos de las uñas, ayudados de uno y otro remedio, pero inevitablemente teniendo que aceptar la marca del tiempo.

Y empezamos a reflexionar, y las preguntas que habían permanecido calladas resuenan ahora con claridad. ¿Qué he logrado de mi vida? ¿Qué valores y metas son realmente ahora importantes para mí? ¿Qué quiero de los años que me quedan a futuro? ¿Hacia dónde me dirijo?

Nos volvemos sensibles, introvertidos, reflexivos. Estamos ahora ante el **temperamento melancólico.** El elemento tierra, con su pesadez y su densidad nos obliga a bajar la mirada para ver las cenizas que hace unos años dejó el fuego de la adolescencia.

Nos vemos a nosotros mismos a veces con dolor, cuando la crudeza de nuestras faltas nos confronta a veces con compasión, cuando el amor calienta nuestras almas.

Y por último, llegamos a la **vejez**, con el **temperamento flemático** en donde el elemento agua, con su frescura y transparencia, nos limpia de los agobios mundanos, dejándonos tranquilos para voltear nuestra mirada hacia el infinito. Se acaba la prisa por alcanzar lo innecesario, por arreglar lo irremediable, por cambiar lo que así está perfectamente bien. Nuestros cuerpos buscan silenciosamente la comodidad para pasar a ser ignorados y dejarnos libres de posar nuestra atención en lo que es trascendente. Iniciamos la transición hacia la muerte. Apreciar, agradecer, aceptar, acceder. Sólo nos queda apreciar y agradecer lo mucho que recibimos y aceptar y acceder a ser conducidos a un nuevo destino.

Conclusión

Nuestros temperamentos personales nos separan y la vida nos vuelve a unir. Nos lleva a pasar de temperamento en temperamento para entender aquello que en etapas anteriores nos parecía incomprensible. Siendo colérica-sanguínea, los melancólicos me parecían seres de otro planeta, hasta que llegué a la madurez. Empecé a entender su sensibilidad, me volví reflexiva y comencé a disfrutar estar sola.

Pasamos de la infancia hasta la muerte con la oportunidad de vislumbrar las diferentes facetas de aquellos que nos rodean, como si ahora sí pudiéramos compartir los pequeños secretos que tantos años hemos guardado.

Así, cuando me impacientan los sanguíneos con su incesante parloteo, puedo recordar mi niñez. Al molestarme la arrogancia y exigencia del colérico puedo contactar mi adolescencia y en la madurez me suavizo como el melancólico. Y si aún no llego a la vejez, sólo es cuestión de tiempo, ¡todos caminamos en la misma dirección, nos guste o no!

COMBINACIONES DE TEMPERAMENTOS

Bueno, ya estamos llegando al meollo del asunto. ¿Porqué nos es difícil distinguir el temperamento de algunas personas? Si nos imaginamos que los temperamentos son los tres colores primarios más el verde, ¿cuántas posibles combinaciones podríamos crear con estos cuatro colores? Infinidad, pues dependiendo de la cantidad que apliquemos de cada uno, el resultado variará. Así podemos imaginarnos que cada uno de nosotros tiene una tonalidad distinta y única de acuerdo con la combinación especial de nuestro temperamento. Quizá yo soy 70% colérica, 20% de sanguínea, 4% flemática y 6% melancólica. Esto dará un color rojo encendido matizado con el amarillo y unos escasos toques en verde y azul. En cambio si soy 65% melancólica, 20% flemática, 10% sanguínea y 5% colérica, el color resultante será un lila azuloso, con algunos destellos en amarillo y rojo. Esto nos puede dar una idea de cuántas variaciones puede haber y por qué puede ser que no nos identifiquemos totalmente con ninguno de los temperamentos. Sin embargo, aunque tenemos de los cuatro, casi siempre predomina uno y hay un secundario que le sigue en importancia. (☛Ejercicio *Mis temperamentos dominantes*)

A continuación enumeraré algunas posibles combinaciones de temperamentos primarios y secundarios en la misma persona, pero tomemos en cuenta que incluso dentro de estas combinaciones puede haber muchas variantes.

Colérico-sanguíneo

El elemento aire aligera al fuego

Cuando predominan estos dos temperamentos, la persona puede tener del colérico la decisión, la voluntad de cumplir lo que se propone, la fuerza y el compromiso, y del sanguíneo lo sociable y ligero. El temperamento sanguíneo suaviza al colérico y lo hace más divertido, menos pesado y más agradable. El colérico, por su parte, ayuda al sanguíneo a enfocarse y concentrar su energía para no perderse en mil actividades. Estas personas son agradables y simpáticas pero tienen claro qué quieren lograr en la vida y por lo tanto pueden ser muy exitosas.

Como ejemplos de políticos con esta combinación tenemos a Bill Clinton que a pesar de todos los escándalos seguía sonriendo, John F. Kennedy, Vicente Fox, Adolfo López Mateos, Luis Donaldo Colosio, María Félix, Madonna.

Colérico-flemático

El elemento agua calma al fuego

Esta persona puede tener del colérico su seguridad y determinación, visión hacia el futuro y su fuerza y empuje, y del flemático su amor por el confort y la buena vida y su objetividad y calma. Son excelentes consejeros, financieros y hombres de negocios, que pueden estar horas platicando en un restaurante disfrutando la comida al tiempo que esperan con toda paciencia para cerrar el negocio que tienen en mente. En este caso, el temperamento flemático le da la ecuanimidad y la paciencia que necesita el colérico para no perder la cabeza. Algunos ejemplos serían, Churchill, Napoleón, la reina Isabel.

Como ejemplo elevado de esta combinación tenemos a Gandhi, que del colérico tenía la fuerza, el liderazgo, y la visión; y del flemático, la paciencia, la ecuanimidad y calma; el Dalai Lama y Juan XXIII son también buenos ejemplos de esta combinación.

Otros ejemplos: Andrés Manuel López Obrador, Francisco Labastida, Boris Yeltsin.

Colérico-melancólico

El elemento fuego enciende a la tierra

Ambos temperamentos, colérico y melancólico, son intensos, por lo que una persona con esta combinación tiende a ser pesada y poco sociable. Quiere imponer sus ideas y cuando las cosas no salen como él quiere, se ofende, lo toma de manera personal y se deprime. Puede tener del colérico la fuerza y el deseo de controlar e imponerse y del melancólico esa tendencia a ser sentimental, vivir en el pasado y dado a la depresión.

En esta combinación también se encuentran los fanáticos como Adolfo Hitler, Bin Laden, Juana de Arco.

En un sentido más elevado, tenemos como ejemplo a la Madre Teresa, que tenía del colérico la fuerza de voluntad y perseverancia que le permitieron realizar su obra maravillosa, y del melancólico la compasión y el deseo de servicio.

Otros ejemplos serían: Abraham Lincoln, Charles de Gaulle, Ludwig Van Beethoven, Cuauhtémoc Cárdenas, Vincent Van Gogh, Ernest Hemingway.

Sanguíneo-melancólico

El elemento aire aligera a la tierra

Esta persona puede tomar del melancólico su sensibilidad, romanticismo y amor por los detalles y las reminiscencias, y del sanguíneo el ser sociable, abierto y simpático. En este caso el temperamento sanguíneo aligera al melancólico que por sí solo tiende a ser intenso y pesado.

Un ejemplo de esta combinación es la princesa Diana. Su popularidad, su encanto, así como su gracia y belleza corresponden a su parte sanguínea, mientras que su compasión y tendencia a la depresión, a la melancólica.

Otro ejemplo sería Mark Twain, simpático, atractivo, divertido, derrochador (sanguíneo), pero también reflexivo, con un extraordinario sentido del humor, compasivo y depresivo (melancólico).

Otros ejemplos serían: Cantinflas, Woody Allen, Charles Chaplin, El Flaco (El Gordo y El Flaco), Dolores del Río.

Sanguíneo-flemático

El elemento aire mueve al agua

Esta combinación también tiende a equilibrarse, pues lo extrovertido del sanguíneo compensa la introversión del flemático. Esta persona puede ser un tanto sedentaria, amante de la buena comida y el confort (flemática) pero sociable y abierta (sanguínea). Es el típico gordito o gordita simpáticos que siempre están rodeados de personas.

Algunos ejemplos serían: Capulina y Carmen Salinas

Pero también puede ser delgado y sociable (sanguíneo) pero ecuánime, calmado y rutinario (flemático). El actor Adam Sandler sería un buen ejemplo de esta combinación.

Melancólico-flemático

El elemento tierra densifica al agua

Ambos temperamentos son introvertidos por lo que resulta difícil encontrar personalidades públicas de esta combinación. Estas personas son celosas de su privacidad y disfrutan la soledad y la tranquilidad. Son caseros, callados y huyen del "mundanal ruido".

Un ejemplo es el Príncipe de Gales, que se ve obligado a presentarse como figura pública pero que en realidad prefiere montar a caballo, dibujar y disfrutar su vida privada.

En caso extremo, estas personas pueden volverse excéntricas y apartadas.

RELACIONES INTERPERSONALES DE LOS DISTINTOS TEMPERAMENTOS

Coléricos con sanguíneos

El colibrí encanta al toro

Ésta es una combinación muy fácil pues al sanguíneo se le resbalan las exigencias del colérico y no toma sus rabietas en serio. Cuando el colérico quiere ponerlo en su lugar, el problema es encontrarlo, pues es un mago para desaparecer cuando las cosas se ponen difíciles. Al colérico le puede desesperar la falta de atención y compromiso del sanguíneo, pero éste sabe cómo ser encantador y seducirlo, convirtiendo a la fiera en manso gatito.

> "Papito, por qué estás tan enojado…¿quién te hizo enojar?" dice la hija con voz melosa mientras se sube a sus piernas. "Ya no te enojes, papi, ¿quieres que te traiga una cerveza?" le susurra mientras le acaricia la barba.

Y el sanguíneo puede ayudar por su parte a aligerar al colérico que toma la vida muy en serio y no deja de trabajar, y enseñarlo a divertirse sin más preocupación que pasar bien el momento.

> "¡No lo puedo creer, no lo puedo creer! Te trajiste el trabajo a la playa. ¡Qué aburrido eres, por Dios, que no piensas en otra cosa… ¡trabajo, trabajo, trabajo! Pues que te aproveche, yo voy a ver que

me recomiendan para ir a bailar en la noche y si tú estás cansado, pues me voy sola."

Coléricos con flemáticos

El tigre ronda al elefante

Cuando el colérico se enoja, el flemático lo observa como quien ve una curiosidad y piensa como el refrán: "¿Por qué tanto brinco estando el llano tan parejo?". No toma estos arranques personalmente y cuando el colérico se pone exigente, el flemático simplemente se "echa", es decir, no discute, no alega, ¡pero no lo hace! Esto puede enfurecer el colérico pero termina dándose por vencido ante la resistencia pasiva del flemático.

> "Por favor cámbiate, estás muy fachoso, ¡yo no salgo así contigo!" le dice la esposa con cara de repulsión al marido.
>
> Más tarde mientras revisa las compras: "Pero ¿porqué compraste esta mayonesa, si sabes que esta marca no me gusta? Te encargué dos litros de leche, no tres! ¡Nunca pones atención a lo que digo!"
>
> Antes de acostarse: "Recoge lo que está tirado en la sala, yo estoy muy cansada. Y tráeme un vaso de agua." "¡Esto es un "vasito" de agua, yo te pedí un "vaso" de agua!"

Cuidado señora controladora, el flemático puede aguantar y aguantar y aguantar, pero cuando se le colme el plato, ¡lo va a conocer en serio!

Por otro lado, el padre colérico tiene que cuidar lo que exige a su hijo flemático, que no tiene interés en competir y destacar. Si el padre presiona demasiado al hijo terminará afectando su autoestima, pues pensará que no es suficientemente bueno para el padre y vivirá con el temor a decepcionarlo.

Coléricos con melancólicos

El toro embiste al venado

Ésta es, quizá, la combinación más difícil de todas, pues el colérico es demasiado fuerte y directo para la sensibilidad del melancólico, que se siente apabullado con su rudeza y sus exigencias. Sus arranques de rabia lo lastiman profundamente y no entiende que una vez que se ha desahogado, puede preguntarle con toda candidez, ¿qué te pasa, por qué sigues enojada? El melancólico se queda resentido por días y lo castiga con su silencio y sus malas caras.

"¡Apúrate por Dios, vamos a llegar tarde como siempre! ¿Qué tanto haces?" le dice exasperado el hombre a su esposa. "Estoy terminando de arreglarme... ¡no me grites!" "Ya estás bien, ¡vámonos!" le contesta tronándole los dedos. "Te digo que no me hables así, mejor vete solo, yo prefiero quedarme." "No, no puede ser, y ahora ¡vas a llorar!"

Este es el caso de un *colérico-controlador* con un *melancólico-víctima*. O sea, un colérico que abusa de su fuerza y controla al melancólico que se queja pero no se atreve a cambiar su situación.

Pero también puede ser una relación en donde el colérico adopte un papel paternalista protegiendo y cuidando de su pareja melancólica que se recarga y depende para que le resuelva la vida.

En cuanto a los padres coléricos, tienen que cuidar la sensibilidad de los hijos melancólicos, medir su fuerza y controlar su enojo.

"¡Cómpramelo ¡Cómpramelo" le grita el niño a su madre. "Hijo, no traigo dinero, mira mi bolsa, está vacía." "¡Cómpramelo, compra-me-lo!" grita aun más enfurecido. "Hijo, por Dios, ya no grites, estás asustando a las personas... vente, vamos a sacar dinero al cajero", dice resignada la madre.

Por su parte, los padres melancólicos necesitan ser asertivos y firmes para poner límites a los hijos coléricos, en vez de amedrentarse y dejarlos hacer lo que quieren por miedo a que se disgusten y hagan una rabieta. Tampoco deberán tomar todo lo que hacen y dicen como algo personal.

Sanguíneos con melancólicos

El loro ahuyenta al venado

Para el melancólico, los sanguíneos son demasiado ruidosos y nerviosos y los puede encontrar vanos y superficiales. Al sanguíneo, en cambio, el melancólico le puede parecer demasiado tímido o el típico aguafiestas que todo toma demasiado en serio.

Recuerdo el siguiente incidente hace muchos años:

Viajábamos juntas dos sanguíneas, Susana y yo, y una melancólica, Beatriz, al extranjero a participar en un congreso de maestros. Las dos sanguíneas estábamos por demás alborotadas: ¡había tanto que ver, tantas amigas con quién platicar y tantos cursos interesantes entre los cuales escoger! Hablábamos, reíamos y andábamos de un lado para el otro sin parar.

Al segundo día del congreso, nuestra amiga melancólica se encerró en su cuarto y no quería salir. Cuando le pregunté qué le pasaba, me respondió: "La verdad, Rosi, es que ¡ya no las aguanto!"

El encerrón le duró medio día. La mañana siguiente emergió fresca para volver a integrarse al congreso.

Los sanguíneos podemos enloquecer a los melancólicos con nuestra incesante actividad, por lo que necesitan separarse a un lugar tranquilo para recuperarse de tanto bullicio.

Por otro lado, cuando el sanguíneo se abre al mundo del melancólico, al mundo de la reflexión, la profundidad, la imaginación y la intensidad, tiene una probada de las riquezas de la introspección.

Sanguíneos con flemáticos

El pájaro se posa sobre la vaca

El sanguíneo puede ayudar al flemático a salir de su rutina y abrirse a cosas nuevas, pero su lentitud puede desesperarle. Sin embargo, esta calma puede tener un efecto sedante muy positivo para el sanguíneo, que a veces pasa de una cosa a otra sin detenerse.

Recuerdo mis visitas a una amiga flemática:

"Joyce, ¡que casa más hermosa, ya se me había olvidado que bonita era! Mira nomás, le agregaste esa terraza tan amplia y el jardín..." Mientras yo hablaba entusiasmada y sin parar, mi amiga me observaba y sonreía. Cuando por fin me detuve a tomar aliento, aprovechó para preguntarme con voz calmada y suave: "¿Qué te sirvo, prefieres té o café?"

Una hora después estaba yo acurrucada en su sofá, cubierta con una cobija que ella había tejido, sosteniendo una taza de té caliente y platicando en el mismo tono que ella: tranquilo y lento.

Mi amiga flemática me había contagiado, de las 78 revoluciones en las que llegué, ahora estaba en 33. Y por eso disfrutaba visitarla. Me servía como una especie de tranquilizante, quitándome el estrés y la ansiedad. Me ayudaba a estar en el "aquí y el ahora" sin preocupación alguna, gozando sólo su presencia.

De igual manera, los padres flemáticos pueden, con su paciencia y ecuanimidad, atender y tranquilizar a sus hijos sanguíneos. Pero, ¡ojo con no caer en ser demasiado comodinos y no querer llevarlos a esa fiesta a la que tantas ganas tienen de ir!

Por otro lado, los padres sanguíneos deberán respetar el ritmo tranquilo de sus hijos flemáticos así como su gusto por la rutina y permanecer en casa.

Flemáticos con melancólicos

El búho observa a la jirafa

Como ambos son tranquilos e introvertidos podemos imaginarnos que no habrá ni conflictos ni discusiones, pero tampoco mucha diversión. Melancólicos y flemáticos tienden a ser buenos compañeros aunque algo solitarios. El flemático puede proporcionar un cierto equilibrio a la intensidad del melancólico, y su lealtad y paciencia lo pueden hacer sentirse muy seguro en la relación.

LAS EMOCIONES Y LOS TEMPERAMENTOS

Si cuatro personas de distintos temperamentos están viendo el noticiero de la guerra en Irak, pueden reaccionar de maneras muy diferentes:

> Colérico: gritando furioso: "¡No puedo creer que sigan aventando bombas! ¡Qué están locos o qué! ¡Bola de idiotas!"

> Melancólico: susurra con cara triste: "Es increíble lo que está sufriendo esa gente, me rompe el corazón... ¿cuándo dejarán de hacer estas barbaridades?"

> Sanguíneo: buscando su celular: "Por eso ya no veo los noticieros. Cámbienle de canal por algo más divertido."

> Flemático: piensa con cara impasible: "¿Cuánto falta para que termine este noticiero? Me dijeron que hay un programa nuevo de clases de cocina con un chef francés..."

Las emociones son parte del ser humano, una parte, por cierto, muy importante. Podemos observar que hay ciertas emociones que se presentan con más frecuencia e intensidad en una persona que en otra, dependiendo de su temperamento. Éste es quizá el tema que más me ha interesado desde que empecé a observar los diferentes temperamentos:

¿Por qué tenemos reacciones tan diferentes? ¿Por qué algunos ante una misma situación se enojan, otros se entristecen, otros

permanecen impasibles y otros ríen nerviosamente? ¿Qué hace que, por ejemplo, una persona llore ante una injusticia, otra se enoje, mientras que otra salga corriendo? No faltará quien diga que es mero condicionamiento, y es cierto que esto forma parte de la explicación, cómo nuestros padres y los adultos que nos han rodeado nos han enseñado a responder cuando aparece una emoción determinada. Ellos nos han permitido expresarlas abiertamente o nos han llevado a reprimirlas de diversas maneras.

Pero es inevitable observar que tenemos tendencias personales a manifestar ciertas emociones con mayor frecuencia y con mayor o menor intensidad. Aunque cada persona es única y en ningún momento pretendo que este libro sea un recetario, podemos darnos idea de cómo pueden variar las emociones de acuerdo al temperamento.

+ Mayor intensidad

El colérico y el melancólico son los temperamentos más intensos. Cada uno dentro de su propia tendencia nos hace sentir su presencia, y por ello a veces los sentimos "pesados". Si están

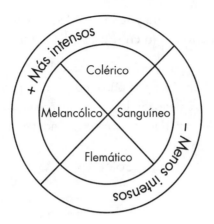

tristes o enojados su energía parece invadir la nuestra. Es difícil ignorarlos y dejar que pasen desapercibidos.

"Ay ¡no! ahí viene Carmelina con su cara de entierro. Seguro nos va a platicar los problemas con su marido. ¡Nos va a arruinar la tarde!"

"¡Córrele, Pedro, ahí viene papá y está enojado!"

Las emociones en el colérico

El elemento fuego en el colérico se manifiesta como entusiasmo y pasión, emociones que lo impulsan de una manera muy positiva para realizar lo que se propone. La pasión y el entusiasmo lo vuelven carismático, pues ¿quién no quiere estar cerca de una persona que emana estas emociones? Cuando el colérico está entusiasmado inspira a otros para hacer a un lado su pasividad y apatía. Despierta su valentía y los impulsa a actuar para lograr lo que les podría haber parecido como imposible.

Pero ese fuego también puede convertirse en enojo y rabia. De los cuatro temperamentos es el colérico el que se enoja con más frecuencia y con mayor intensidad. Cualquier contrariedad le provoca enojo. No en vano se llama colérico.

Fernando corre por el patio de la escuela y accidentalmente tropieza con Rubén. "¿Qué te pasa, por qué me pegas?" le reclama enojado Rubén amenazándolo con el puño cerrado. "Perdón, perdón, no fue intencional", le contesta Fernando amedrentado.

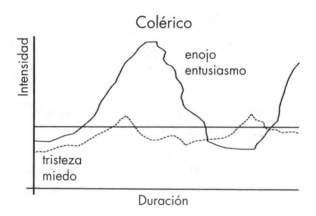

Cuando las cosas no salen como él quiere, puede pasar rápidamente de la frustración a la rabia:

Javier está haciendo un castillo de arena. Pero cuando intenta hacer la torre y se le cae por segunda vez, grita furioso: "¡Maldita sea! ¡Maldita sea!" Avienta la cubeta y destruye a patadas todo el castillo.

En cambio, la tristeza y el miedo serán menos frecuentes y menos intensos.

Las emociones en el melancólico

En el melancólico la tristeza es la emoción más frecuente y la de mayor intensidad, junto con sus parientes la ansiedad, la preocupación y el miedo. Veamos la diferencia del ejemplo anterior con un melancólico.

Titina está haciendo un castillo de arena. Pero cuando intenta hacer la torre y se le cae por segunda vez, se levanta y va llorando con su madre: "No puedo, no me sale, ¡ayúdame!"

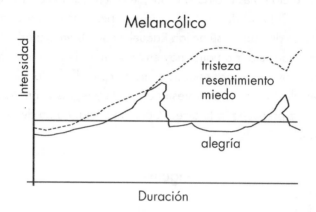

Melancólico

Tiende a reprimir o encubrir el enojo con otros sentimientos o lo transforma en resentimiento, que puede cargar durante mucho tiempo.

"Sigues molesta conmigo, Aleta, ¡no lo puedo creer! Hace dos semanas que pasó el incidente y ya me cansé de pedirte perdón. Ya no sé que más decirte", le dice Catalina exasperada.

La alegría es menos frecuente y de menor intensidad.

– Menor intensidad

El sanguíneo y el flemático son temperamentos menos intensos. El sanguíneo nos aligera y el flemático nos tranquiliza. Su energía puede afectarnos, pero es más suave que la del colérico o el melancólico.

Las emociones en el sanguíneo

La persona sanguínea tendrá emociones muy variadas, pero de corta duración y menor intensidad.

"Pobre de ti, Valentín, me imagino que la estás pasando muy mal. Un divorcio no es cualquier cosa", le reitera Estela con voz acongojada. "No ha de ser fácil para ti... permíteme un momento." Estela ha divisado a su amiga Raquel y corre a encontrarla. "Qué pasó, ¿vamos a ir a bailar hoy en la noche?" le pregunta alegremente: "avísame para estar lista, me compré el vestido divino con lentejuela." Se despide apresuradamente y regresa con Valentín. Con voz preocupada le dice: "Cómo te decía, no ha de ser fácil para ti".

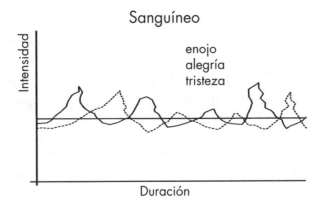

Nos puede sorprender con que rapidez puede un sanguíneo pasar de estar triste a estar nuevamente contento. Podríamos pensar que su tristeza no es genuina, pero la verdad es que puede hacer estos cambios porque sus emociones no son muy intensas.

Damián de tres años se ha tropezado y raspado la rodilla. Llora desconsolado cuando se acerca su madre a confortarlo. "Mira,

mira ¡un pajarito!", le dice la madre señalando al árbol". "¿Dónde, dónde?" pregunta Damián olvidándose de su rodilla.

Las emociones en el flemático

En el flemático observamos generalmente un estado apacible, en donde, durante un buen tiempo no hay emociones ni sentimientos que parezcan asomar la cabeza, pero un buen día le podemos colmar el plato. Y entonces ese enojo puede ser apabullante.

La persona más enojada que he visto en mi vida, y eso que he vivido con varios coléricos, fue una mujer flemática, callada, calmada, que un día estalló. Les aseguro que en ese momento, ¡vi al mismo diablo en persona!

El flemático es como un volcán dormido: tranquilo, inexpresivo, pero que interiormente, de manera lenta, va acumulando presión, hasta que en un momento irrumpe para sorpresa de todos.

Imaginemos a un flemático que vive con una mujer colérica que le hace la vida imposible con sus constantes exigencias:

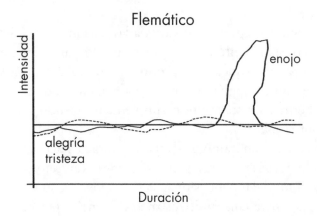

"Cámbiate, por dios, te ves horrible con esos pantalones." Y el flemático aguanta. "¡Apúrate, no vamos a llegar con tu calma! ¡Muévete!" Y el flemático aguanta. "¿Cómo piensas avanzar en esa empresa si no pides un aumento?" Y el flemático aguanta. "ah, di algo, o qué, ¿acaso te comió el ratón la lengua?" Y el flemático aguanta. "No comas tanto, no es saludable."

Pero un buen día se harta y explota, dejando temblando a su esposa, que no entiende qué le ocurrió.

Extrovertidos

El colérico y el sanguíneo son temperamentos extrovertidos, pues su atención está la mayor parte del tiempo dirigida hacia el mundo exterior. Lo que ocurre afuera es más interesante para ellos que lo que sucede en su interior. Su atención es constantemente atraída y jalada hacia lo que les rodea, pero hay marcadas diferencias en la forma en que ambos reaccionan y en cuanto a sus intereses.

El movimiento y la atención en el colérico tienen dirección y están enfocados, no siendo este el caso con el sanguíneo en el que los estímulos parecen tener el control. De ahí su dispersión y falta de dirección.

El sanguíneo aprecia y disfruta a las personas y se alimenta de este constante intercambio. Del mundo parece querer extraer todo aquello que pueda producirle gozo. Adora lo bello en todos los ámbitos, igual se recrea yendo al cine, que comiendo en un hermoso restaurante o simplemente viendo a la gente pasar por la calle.

El colérico, en cambio, dirige su mirada hacia el mundo buscando nuevas maneras de transformarlo. Los retos y los obstáculos lo motivan para esforzarse y se apoya en su voluntad y persistencia para conseguir sus metas. Tiene la posibilidad de

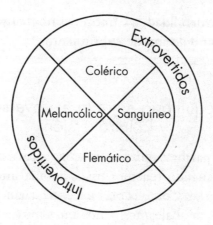

utilizar su imaginación para proyectarse hacia el futuro y convertirse en un visionario.

Introvertidos

El melancólico y el flemático son los temperamentos introvertidos. Su vida interior es más activa y tiene para ellos mayor peso que la exterior. Su atención constantemente regresa a procesar y digerir interiormente todo aquello que han recibido de afuera, en aquellos espacios de paz y soledad que sólo ellos saben crear. Pero hay diferencias entre los dos temperamentos.

El melancólico busca la transformación interior a través del análisis y la reflexión. Con su intensidad, como brasas candentes, cuestionan y consumen todos sus pensamientos.

El flemático, en cambio, adormece el cuerpo a través de la comodidad y habita su interior en una paz, como el agua de un lago que, al atardecer, existe fuera del tiempo.

En el próximo capítulo revisaremos el trabajo interno con las emociones. Encontraremos que cada temperamento tiene sus fortalezas y sus debilidades. Conocerlas nos permite iniciar este complejo camino de autodescubrimiento.

El equilibrio entre la extroversión y la introversión

Encontrará la palabra *equilibrio* muchas veces a lo largo de esta lectura. Sólo cuando tenemos una armonía interna podemos realmente avanzar. Como la persona ebria, cuando perdemos el equilibrio nos tambaleamos y nos movemos en círculos perdiendo el camino. Es por eso que si el sanguíneo y el colérico no equilibran su tendencia extrovertida, buscando de manera consciente momentos de soledad para la reflexión y el silencio, se pueden perder, el primero en el bullicio externo, en el incesante ruido y la diversión frenética. El segundo, en sus interminables proyectos y en su trabajo exhaustivo.

El melancólico y el flemático cojean en el sentido opuesto. Disfrutan su soledad y se regocijan estando en su mundo interno. Pero pueden perder contacto con el mundo real, perder piso. Se pueden aislar, viviendo tan a gusto en su imaginación que no necesitan a los demás. Corren el peligro de volverse egoístas y excéntricos. Por lo tanto, necesitan hacer un esfuerzo consciente por salir de su concha y socializar. Vencer su timidez y flojera para equilibrar su vida de soledad con su relación con el mundo exterior.

La palabra *consciente* es la palabra clave para encontrar el equilibrio, no importa cuál sea el temperamento. El equilibrio no se da por sí solo, pues todos tenemos la tendencia a apartarnos o a acercarnos a los demás. A disfrutar la paz y tranquilidad o el bullicio y el contacto. Sólo cuando nos observamos con un poco de distancia podemos apreciar lo que necesitamos para estar en armonía. En la vida tenemos que estar con los pies en la tierra pero con la mirada hacia el cielo. Tenemos que equilibrar lo material con lo etéreo. Por que somos tanto cuerpo como espíritu y, cuando lo olvidamos, nos volvemos demasiado terrenales perdiendo contacto con nuestra esencia o nos desarraigamos tratando de anular nuestra parte humana.

Es, por lo tanto, nuestro esfuerzo consciente de autoobservación el que nos puede servir como brújula para encontrar el equilibrio en nuestras vidas. Con este fin les ofrezco las siguientes preguntas para revisar.

Preguntas para reflexionar

1. ¿Cuál es mi tendencia? ¿Me considero extrovertido o introvertido?
2. ¿Prefiero salir y estar con otros, a estar solo en casa?
3. ¿Me dicen que parezco torbellino y no paro? ¿Qué nunca estoy quieto?
4. ¿Critico o juzgo a las personas que gozan estar solas? ¿Me parecen aburridas?
5. ¿No sé que hacer cuando estoy solo? ¿Me produce ansiedad la soledad?
6. ¿Encuentro que es una pérdida de tiempo?
7. ¿Necesito estar siempre acompañado?
8. ¿La palabra soledad me produce tristeza o miedo? ¿Relaciono la soledad con la falta de amor?
9. Si soy extrovertido ¿qué actividades desempeño cuando estoy conmigo mismo? ¿Me doy tiempo para reflexionar?
11. ¿Qué tan seguido creo esos espacios de tranquilidad?
12. ¿Me molesta el silencio? Cuándo no estoy rodeado de personas ¿prendo el televisor?
13. ¿Me incomodan las personas calladas? ¿Cuándo estoy con ellas no paro de hablar?
14. Si soy introvertido, ¿qué actividades tengo donde socializo?

15. ¿Qué tan seguido participo en esas actividades?
16. ¿Evito los lugares concurridos?
17. ¿Me molesta estar en lugares donde las personas me son desconocidas? ¿Me apoyo en mi pareja cuando tengo que ir a fiestas o reuniones?
18. ¿Alguna vez me han dicho que soy un ermitaño? ¿Qué soy aburrido o un aguafiestas?
19. ¿Critico a las personas que les gusta socializar? ¿Las considero frívolas?
20. ¿Tengo dificultad para divertirme cuando estoy con otros?
21. ¿Elijo conscientemente relacionarme o lo hago por que no me queda de otra?
22. ¿Me cuesta trabajo relacionarme?
23. ¿Soy tenso y poco espontáneo cuando estoy rodeado de personas? ¿Me siento observado o incómodo? ¿Me siento juzgado o criticado?
24. ¿Cuándo estoy en una reunión, pienso que estaría mucho mejor en mi casa?
25. ¿Las personas divertidas me parecen poco espirituales? ¿Las encuentro superficiales o tontas?

Reflexión

Mi vida interna se alimenta de mis experiencias externas.

Mi vida externa depende de mi trabajo interno.

El uno alimenta al otro.

Afirmación

Cuando tengo equilibrio también tengo bienestar.

Yo soy responsable de encontrar el equilibrio en mi diario vivir.

EL ESTRÉS Y LOS TEMPERAMENTOS

Reaccionamos de maneras diferentes ante el estrés de acuerdo a nuestro temperamento.

Veamos en la siguiente gráfica las distintas maneras de expresarse de cada uno cuando están cansados o se sienten presionados o estresados.

Colérico
Malhumorado,
irritable, impaciente,
gritón, grosero,
enojón, insulta,
golpea, berrinchudo,
agresivo, violento

Melancólico
Triste, llorón, retraído, quejumbroso,
ansioso, preocupón,
nervioso, deprimido

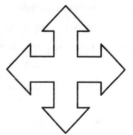

Sanguíneo
Nervioso, inquieto,
no puede parar,
hiperactivo, tiene tics,
tartamudea, no para
de hablar, ansioso,
muy disperso y
distraído, olvida todo

Flemático
Come y duerme
de más, apartado,
ausente, muy
callado, apático,
aletargado

Como podemos observar las tendencias naturales de cada temperamento se vuelven extremosas cuando están estresados. Basta con observar para determinar cuándo una persona está mostrando características propias de su temperamento y cuándo está fuera de equilibrio.

No es lo mismo que un sanguíneo esté activo y sea dinámico, a que sea nervioso e hiperactivo. Tampoco que un colérico se enoje cuando lo molestan, a que esté agresivo pegándole a quien se le ponga enfrente. Que un melancólico sea sensible y disfrute su privacidad, a que esté deprimido y no quiera ver a nadie. O que un flemático esté callado y observador, a que esté aletargado y ausente.

Una vez me dijo una madre,

"Fíjate que mi hija está empezando la pubertad y me dijeron que es normal que le guste estar sola. Pero llega a la casa, come, se encierra en su cuarto y no la vuelvo a ver hasta la mañana siguiente."

Tuve que explicarle que una cosa es que el adolescente disfrute estar solo a ratos en su cuarto, oyendo música, leyendo o hablando con los amigos, pero otra que se aísle y no tenga contacto. Necesitamos observarlos y comunicarnos con ellos para sentir si están bien.

Requerimos la autoobservación, para saber si hemos perdido el equilibrio.

Recuerda que sólo tú eres responsable de tu bienestar. ¿Qué puedes hacer o dejar de hacer para sentirte mejor? (☛ Ejercicio *El estrés y mi temperamento*)

¿QUÉ APRENDEMOS DE LOS DEMÁS TEMPERAMENTOS?

Cada temperamento puede enseñar y complementar al nuestro. Por eso inicié diciéndo que no hay un temperamento mejor que el otro. Aunque el colérico piense que es el mejor y el melancólico el peor, esto no es cierto. Tenemos el temperamento ideal y estamos rodeados de las personas idóneas para aprender lo que nos hace falta. Es a través de estas relaciones que podemos realmente conocernos, por que el otro me refleja a veces mis carencias, otras veces mis partes elevadas. Y yo hago lo mismo por él. Y es en este continuo entrelazarnos que se presentan las oportunidades de crecimiento, disfrazadas, unas veces de errores, otras veces de aciertos. (☛ Ejercicio *Qué aprendo de los otros temperamentos*)

Resumiré los rasgos más importantes que los distintos temperamentos nos pueden aportar cuando empezamos a ver los temperamentos como un camino de crecimiento personal.

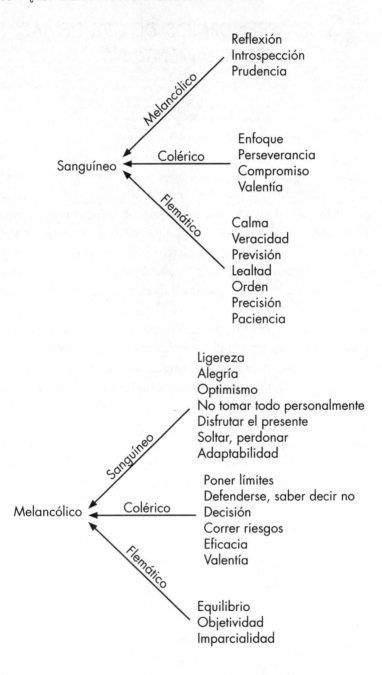

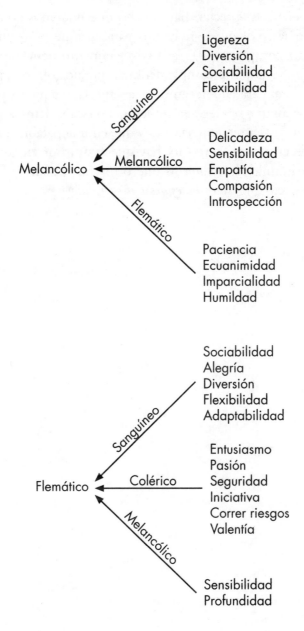

Como podemos apreciar, hay mucho que podemos aprender de los demás. Por que convivimos para enriquecernos unos a otros, para completarnos. Cada temperamento tiene algo que aportarnos, una parte complementaria que nos ofrece aquello que nos falta. Para ello necesito hacer a un lado aquellas partes dentro de mí que se niegan a ver lo bueno en los demás, que se defienden, se sienten amenazadas y que en una palabra, se niegan a crecer. Por el contrario, hay que apoyarnos en aquellas que con humildad reciben lo que otros nos pueden ofrecer. (☛ Ejercicio *Qué cualidades deseo desarrollar*)

EL TRABAJO INTERNO DE LAS EMOCIONES

> ¿No es dominio emocional simplemente amar más?
> *Torah*
> (*Sincronía* pág. 207)

Has llegado al corazón de esta lectura, a su parte esencial.

En los capítulos anteriores te he ofrecido información para conocer los distintos temperamentos. Pero ahora deseo darte la posibilidad de profundizar a través del trabajo con las emociones. Y ¿por qué es importante conocer y dominar nuestras emociones? Porque es a través de ellas que podemos descender a lo más bajo, castigándonos o lastimando a los demás, o ascender para conectarnos con nuestra parte más elevada. Experimentamos toda la gama de emociones, pero tenemos la opción de dominarlas o dejar que sean ellas las que nos controlen. La siguiente metáfora me parece muy apropiada:

> Imagina que tus emociones son como las teclas de un piano, donde en uno de los extremos tienes la desesperanza, el temor y la culpa. En la parte media, están las octavas del enojo, el miedo, la frustración, la impaciencia y el aburrimiento. Y en el otro extremo, están la alegría, la esperanza, la apreciación y la gratitud. Tú eres el pianista que con todas esas notas puedes crear cualquier melodía que desees, desde la más triste y tenebrosa, hasta la más ligera y alegre. Si no tienes destreza sólo producirás ruido y cuando no pones atención, parecerá como si las teclas te tocaran a ti. No es sino hasta después de mucho practicar que aprenderás a producir de manera consciente lo que quieres escuchar. Entonces

puedes afirmar con orgullo que tú dominas el piano. Cuando mueres, dejas de tocar y lo cierras. (*Sincronía* pág 209)

Utilizando esta metáfora, te invito a considerar las siguientes preguntas.

Preguntas para reflexionar:

1. ¿Cuáles son tus melodías favoritas? ¿Con cuáles te identificas?
2. ¿Son tristes, aburridas, alegres o divertidas?
3. ¿Qué tan hábil eres para tocar el piano?
4. ¿Tú tocas el piano o el piano te toca a ti?
5. ¿Eliges tus partituras o dejas que otros te las proporcionen?
6. ¿Eres exigente con tus elecciones o te conformas fácilmente?
7. ¿Deseas desarrollar más tu capacidad para tocar?

El dominio de las emociones afecta nuestras vidas. Cuando las emociones son las que nos controlan, muchas veces herimos a los que más queremos. En vez de acercarnos con respeto y suavidad, los ofendemos con nuestros maltratos y enojos. O los contagiamos de nuestros miedos y culpas.

Hasta que tomamos responsabilidad de nuestras emociones, empezamos a darnos cuenta de nuestro impacto y elegimos de manera diferente.

Baja tus resistencias

En este capítulo te invito a que te identifiques con muchas partes tuyas: algunas pertenecen a tu lado luminoso, otras al sombrío. Sentirás resistencia en reconocerlas como tuyas, por lo que te recomiendo tomes algo de distancia, como quien ve una película.

Este es un proceso lento. Las resistencias tienen la función de protegernos hasta que estemos listos para ver lo que puede resultar doloroso. Pero no por eso pienses que sólo tenemos resistencia para identificar nuestras partes limitantes, ya que muchas veces son nuestras fortalezas, nuestras cualidades, a las que nos rehusamos a darles su merecido lugar. Aunque nos parezca extraño, a veces es más difícil aceptar aquello que nos hace únicos y distintos a los demás.

> "Gina, te felicito, tienes una manera maravillosa de expresarte. Tocas el corazón de las personas que te escuchan, deberías de dedicarte a la oratoria", le dice entusiasmada su amiga. "¡Cómo crees! Me equivoqué no sabes cuántas veces, soy pésima para hablar en público. Sólo lo dices porque eres mi amiga", contesta Gina.

Gina está acostumbrada a menospreciarse y por eso le es difícil recibir un cumplido. Su amiga le está diciendo algo muy importante que se niega a escuchar: que tiene el don de tocar a otros a través de sus palabras.

¿Cuántas veces nos rehusamos a recibir un reconocimiento por miedo a parecer arrogantes? Pensamos equivocadamente que el autoaprecio equivale a sentirse mejor que los demás. (*Sincronía* pág. 221) Entonces, en nombre de una falsa humildad, nos descalificamos. Dejamos de ver nuestros dones para enfocarnos sólo en nuestras limitaciones. Yo recuerdo que cuando empecé a dar mis conferencias y el público al final me aplaudía, yo trataba de que terminara lo antes posible. Claramente no me sentía merecedora de su reconocimiento y sentía miedo de volverme engreída. Y cuando recibía un cumplido, me repetía interiormente que seguramente estaban exagerando, o tratando de quedar bien conmigo.

Ahora me doy cuenta cuán equivocada estaba y cuando recibo reconocimiento por mi trabajo, trato de conscientemente aceptarlo y agradecerlo. Por que sé que el agradecimiento es una de las emociones de vibración más elevada. La apreciación y la gratitud son los parientes más cercanos que tiene el amor y cuando los sentimos, entramos en contacto con nuestras partes más nobles.

Así que si te hacen un cumplido, abre tu corazón para recibirlo y agradécelo. El autoaprecio no tiene nada que ver con la arrogancia. Conviértelo en una oportunidad para alinearte con lo mejor de ti mismo. Y también recuerda que cuando recibes, le estás dando al otro la oportunidad de dar. (☛ Ejercicio *Recibir*)

Identifica tus fortalezas y tus limitaciones

Quiero recomendarte que te concentres en reconocer tus fortalezas y tus limitaciones, haciendo caso omiso de los temperamentos con los que te has identificado. No te saltes aquellos que no consideres como tus temperamentos dominantes, sino que revísalos todos cuidadosamente pues recuerda que tienes rasgos de los cuatro. Probablemente descubrirás con mayor facilidad tanto las cualidades como los defectos de los demás, pero trata de observar si algunos te incomodan o molestan. Las personas que te rodean son como espejos que te reflejan y cuando tu cuerpo reacciona con disgusto, es por que compartes, aunque sea de forma inconsciente, esos atributos. Una vez que te das cuenta de que eres capaz de experimentar toda la gama de emociones humanas y lo aceptas, bajarás la guardia y te dejarán de afectar. (☛ Ejercicio *Mis relaciones son mi espejo*)

Las fortalezas y las debilidades, polos opuestos de una misma cosa

¿Te has dado cuenta que una cualidad se puede convertir en un defecto? Y que de igual manera ¿un defecto se puede transformar en una cualidad? Son como dos extremos de una misma cosa.

A continuación revisaré 10 tendencias positivas y negativas de cada temperamentos

Te sugiero que si te identificas con alguna de las siguientes tendencias, marques los cuadros que se encuentran a la izquierda, y que no olvides complementarlo con los ejercicios indicados en tu libro de ejercicios.

Diez tendencias del temperamento sanguíneo

+1 Tendencia positiva:
alegre, vivaz, ligero, divertido, espontáneo, versátil

La alegría y el amor a la vida del sanguíneo son sus mejores cualidades. Cuando aprecia la vida y se regocija de su existencia se conecta con su verdadera razón de ser. Por que existimos para ser felices, no para sufrir, y el sanguíneo nos lo recuerda con su frescura y su optimismo que nos muestra lo mejor de la vida. Conserva del niño el amor a la aventura, la apertura a lo nuevo y la capacidad de asombro.

La alegría es una emoción muy poderosa, que alimenta y nutre nuestro cuerpo, mente y espíritu. Nos vuelve ligeros, por ser una emoción positiva y, por lo tanto, expansiva. Una persona alegre es como una ráfaga de aire fresco que recibimos con agrado, ayuda a minimizar las dificultades y le resta drama a las tragedias; le da perspectiva a los problemas poniendo la atención en el aspecto positivo de las cosas.

La alegría ama a la belleza y se regocija en ella.

Recomendación

Busca de forma consciente distintas maneras para tener más alegría en tu vida. Por que la alegría tiende a incrementarse. Entre más alegría conscientemente sientas, más alegría tendrás disponible. (*Sincronía* pág. 115)

Y si unes a la alegría con la gratitud, entonces probarás la felicidad. (*Sincronía* en tu vida, pág. 117)

(☞ Ejercicio *Alegría*)

Afirmaciones

Nada ni nadie puede quitarme la alegría de vivir.
Yo encauzo mis pensamientos para estar contento.
Yo soy responsable de mi alegría.
Yo elijo ser feliz.

–1 Tendencia negativa:
frívolo, superficial, alocado

Pero ¿qué ocurre si el sanguíneo pierde contacto consigo mismo y se pierde en la diversión? ¿Si sólo se alimenta del exterior y olvida hacer un alto para nutrirse internamente? ¿Si se deja absorber por el bullicio y la actividad incesante perdiendo así su equilibrio?

Entonces se vuelve frívolo y superficial, dándole más importancia a las apariencias y al qué dirán. Confunde lo esencial con lo intrascendente. Se vuelve adicto al entretenimiento y se torna inquieto y nervioso. Se hace dependiente de la excitación constante para mantenerse distraído.

Recomendación

¡Detente! Cuando te pierdes en el mundanal ruido, dejas de atender lo más importante en tu vida. Olvidas darle significado a lo que realmente tiene peso. Pierdes contacto contigo mismo y con aquellos que quieres.

Date un espacio para reflexionar y revisar tus prioridades.

Afirmación

Recuerdo y me apoyo en este momento
en la parte dentro de mi
que conoce la paz interior. (*Sincronía* pág. 27)

+2 Tendencia positiva: sociable

El ser humano es social por naturaleza, pero la persona sanguínea es la que más disfruta el contacto con los demás. Le encanta conocer a personas nuevas y tiene el don de saber acercarse con naturalidad. Su ligereza lo hace inmediatamente atractivo y simpático pues los desarma con su sonrisa espontánea y sus comentarios graciosos y despreocupados. Su jovialidad lo vuelve atractivo para todas las edades y salta las barreras sociales sin dificultad alguna. Perdona con facilidad dejando rápidamente los agravios en el olvido.

−2 Tendencia negativa: no puede estar solo

El peligro de disfrutar tanto la compañía de otros, es que el sanguíneo puede llenar su vida de actividades sociales y jamás tener un momento para estar solo. Se acostumbra al ruido y la actividad y no se detiene jamás. Sin darse cuenta su agenda siempre incluye a otros. Puede sentirse incómodo cuando no está rodeado de sus amigos pues no sabe que hacer consigo mismo. Sus constantes actividades sociales lo distraen de sus problemas y preocupaciones.

Recomendación

Necesitas hacer un espacio en tu diario vivir para estar solo. Poco a poco empezarás a desarrollar el gusto por tu propia compañía. Como quien va conociendo a un amigo que cada vez le es más familiar, empezarás a disfrutar de estar contigo mismo.

Es importante que revises tus creencias acerca de la soledad. Una creencia es simplemente un pensamiento que te has repetido muchas veces. Si confundes la soledad con la falta de amor, ésta puede ser la razón por la que te sientes ansioso cuando no estás acompañado.

(☛ Ejercicio *El equilibrio*)

+3 Tendencia positiva:
adaptable

Al sanguíneo le encanta el cambio y es flexible, por eso disfruta viajar, estar a la moda y conocer siempre a personas nuevas. Igual puede conversar con una persona religiosa, que con una bailarina o un mesero. Se adapta con facilidad a todo y le encuentra el lado positivo.

–3 Tendencia negativa:
pierde su sentido de individualidad

Le gusta caer bien, gustar, ser simpático y agradable. Sin embargo, corre el riesgo de perder contacto consigo mismo mimetizándose para gustarle a los demás. Un momento puede ser liberal y en otro conservador, dependiendo de con quién esté. El precio que paga es la falta de sinceridad e integridad. (☛ Ejercicio *Integridad*)

+4 Tendencia positiva: tiene muchos intereses

Para el sanguíneo la vida es tan interesante que le faltan horas en el día para todo lo que quisiera hacer. Todo le interesa, en todo quiere participar y de todo sabe un poco, por lo que igual puede hablar de economía, que de política o de cocina.

–4 Tendencia negativa: inconstante, inestable, desenfocado, no se compromete

Pero con tanto intereses no se enfoca, es inconstante e inestable. No profundiza y se queda en la superficie de las cosas. Puede tener tres libros empezados y no terminar ninguno. Empieza cursos que no termina y cambia fácilmente de trabajo. Tiene dificultad para comprometerse por que se pierde ante tantas posibilidades.

+5 Tendencia positiva: amante de la belleza, cuida su imagen

Ama la belleza en todas sus formas. Atiende su cuerpo: hace ejercicio, cuida su dieta para no subir de peso y se preocupa por su apariencia. Le gusta ser jovial, estar bien vestido y verse atractivo.

–5 Tendencia negativa:
le importa demasiado el qué dirán,
le da demasiada importancia a las apariencias

Su deseo por gustar puede ser su prioridad y entonces la opinión de los demás se convierte en lo más importante. Le preocupa sobremanera quedar bien y caer bien. Juzga y critica a los demás por sus apariencia o su situación económica.

"Hija, con la cara tan bonita que tienes, si sólo bajaras de peso ¡te verías hermosa!"

"Acuérdate que como te ven te tratan, hijo."

"Sé más amable, qué va a decir la gente ¿que no te eduqué?"

En el caso del padre sanguíneo, cuando confunde sus prioridades, el hijo se siente menospreciado y esto afecta su autoestima. ¿Cómo puede quererse a sí mismo, si sus propios padres condicionan su amor? ¿Si el mensaje que recibe de ellos es que no da la talla?

Recomendación:

Es importante que reubiques tus prioridades y que recuerdes que las apariencias son como la envoltura de un regalo: lo importante está adentro.

+6 Tendencia positiva:
comunicativo, buen conversador

Es expresivo y desinhibido. Su conversación es amena y agradable y no le da vergüenza hablar con extraños. Tiene el don de saber qué decir a las personas para que le tengan confianza y le compartan sus intimidades.

−6 Tendencia negativa:
imprudente, chismoso

Cuando no pone atención es imprudente e indiscreto. Si uno desea que algo se sepa, hay que comentárselo a un sanguíneo. No sabe guardar secretos y puede ser chismoso, repitiendo lo último que escuchó sin importarle si es cierto o no. Si no tiene cuidado, termina calumniando a otros.

+7 Tendencia positiva:
listo, despabilado, rápido, hace varias cosas a la vez

El sanguíneo es el que mejor maneja el caos. Soporta el ruido, el desorden y el movimiento frenético. Tiene la capacidad de dividir su atención y atender varias cosas al mismo tiempo. Puede manejar un automóvil, seguir la conversación de los demás pasajeros y opinar, al tiempo que cambia la estación del radio. Su atención puede estar en varios cosas al mismo tiempo por que no quiere perderse de nada.

−7 Tendencia negativa:
malhecho, desorganizado, olvidadizo, desordenado

Si bien es rápido y puede hacer muchas cosas a la vez, no quiere decir que por eso las haga bien. Tiende a ser malhecho pues no cuida los detalles y muchas veces no termina lo que empieza. Puede ser atolondrado. Olvida las cosas o las pierde. Si tiene una cita y no la anota, seguro se le olvida. Y si la anota, pierde el papel. Gran parte de su tiempo está dedicado a dar de vueltas buscando cosas que no recuerda dónde puso, o disculpándose por el compromiso que olvidó. Como no se da el tiempo para organizarse, cae víctima de su desorden.

+8 Tendencia positiva: generoso

Es generoso con su tiempo, sus atenciones y su dinero: a la vecina le da la receta del pastel para su fiesta, al amigo le completa el dinero para que se compre la grabación que le gustó, y a los padres de familia del colegio les presta la casa para la próxima reunión del patronato.

−8 Tendencia negativa: impulsivo, insensato, irresponsable

Si bien tiene buenas intenciones, no mide muchas veces las consecuencias de lo que ofrece y en su impulso por quedar bien, promete y después no puede cumplir. Hace compromisos que después olvida o no puede atender. Se deja llevar por el momento y gasta dinero que no tiene. En pocas palabras, cae en ser irresponsable.

Recomendación

Piensa antes de hablar. Pregúntate si realmente puedes cumplir con lo que estás ofreciendo. Revisa por qué no reconoces tus propios límites. ¿Acaso tienes miedo a decir que no? ¿Tienes la enfermedad de complacer? ¿Quieres gustar a toda costa?
Lee el libro "La enfermedad de complacer a los demás" de editorial EDAF. (☛ Ejercicio *El complaciente*)

Afirmaciones

Mi primera responsabilidad es hacia mi mismo.
Yo soy responsable de atender mis necesidades.
Me honro a mi mismo cuando reconozco y tomo en cuenta mis límites.
No necesito complacer a los demás para ser amado.

+9 Tendencia positiva: disfruta la vida

Si alguien sabe gozar de la vida es el sanguíneo. Le gusta lo bello, lo sabroso y lo divertido. Su lema es: Disfruta el momento, por que el pasado ya no existe y el mañana aún no llega.

> "No sabes que día tan maravilloso tuve. Fui a casa de Karla, que la remodeló y está hermosa, además nos tocó un día soleado, divino. Comimos en la alberca, ¡qué comida! Y estuve con Fanny que siempre tiene anécdotas chistosas que contar y ¡cómo me hizo reír! En una palabra, me la pasé ¡increíble!"

−9 Tendencia negativa: teme al dolor, evade los conflictos

Detesta lo feo, lo desagradable o lo problemático. Dile algo al sanguíneo que no desea escuchar y verás con que habilidad y rapidez cambia el tema de conversación.

Es el "Houdini" de los temperamentos, escabulléndose cuando hay situaciones conflictivas. Parece tener un olfato muy desarrollado para todo lo que huela a dificultad.

> "Qué pasó con la madre de Eusebio ¿acaso no la localizaste para que venga al colegio? Lo que ocurrió con su hijo es grave, y si no se presenta lo vamos a expulsar", reclama la directora. "La he llamado por lo menos seis veces, pero no sé qué sucede, nunca está y no se reporta. ¡Ya no sé qué hacer!" contesta frustrada la maestra.

Cuando no nos ocupamos de nuestros problemas, en vez de que desaparezcan, aumentan. El sanguíneo podrá escaparse por un tiempo en sus múltiples actividades sociales con el afán de que "ojos que no ven, corazón que no siente", pero llegará el día en que tendrá que enfrentarse con una realidad nada agradable. Por huir de lo pequeño, ahora tiene que atender lo grande. Como una bola de nieve que al rodar cuesta abajo va creciendo, lo que se inicia como una dificultad, puede después ser un problema y finalmente terminar convirtiéndose en una crisis. (☞ Ejercicio *Huir*)

Recomendación

Aunque el impulso sea huir, necesito permanecer. Me armo de valor para enfrentar lo desagradable o lo conflictivo. Confío en que tengo la fuerza y la sabiduría para resolver cualquier situación por difícil que parezca.

Afirmaciones

Yo soy una persona poderosa.
Nada ni nadie me puede quitar mi poder.
Yo crezco cuando confronto mis dificultades.
Yo tengo la fuerza y el valor para confrontar mis miedos.
Yo tengo la capacidad para resolver cualquier situación adversa.

+10 Tendencia positiva:
ama la libertad

El sanguíneo es amante de la libertad. Disfruta estar en constante movimiento, entrar en contacto con muchas personas y ver paisajes cambiantes. Quiere volar libremente de una experiencia a otra. No le gustan las ataduras ni sentirse restringido.

Pero la libertad en su contexto más elevado es mucho más que eso. Es la posibilidad de ser uno mismo y poder trascender. Es la posibilidad de imaginar, elegir y crear. Es tomar conciencia de estar creando momento a momento nuestra propia realidad.

Todos podemos ser libres sin importar el contexto en que nos encontremos. Las verdaderas limitaciones a esta libertad no provienen del exterior, sino que nos las imponemos a nosotros mismos. Como el ave que quiere emprender el vuelo pero tiene la pata amarrada, nos detiene el miedo, la culpa, el resentimiento, el rencor y la dependencia. Nuestras jaulas son las creencias negativas sobre la falta de dignidad y de merecimiento. Somos nosotros mismos los que nos encarcelamos.

−10 Tendencia negativa: teme al compromiso

El sanguíneo puede equivocadamente pensar que al comprometerse restringe su libertad. Entonces huye de los compromisos como si fueran enfermedades contagiosas que amenazan su salud. Le teme a las palabras: responsabilidad, obligación o deber. Vaga por la vida tocando sólo la superficie. Sus relaciones son divertidas pero triviales pues teme intimar. Vive como el adolescente que quiere seguir disfrutando pero sin responsabilidad alguna. Le gusta recibir, pero huye cuando tiene que corresponder.

Pero lo cierto es que el compromiso es lo que nos convierte en verdaderos adultos. Cuando nos comprometemos, tomamos la responsabilidad de nuestras vidas y crecemos en conciencia. (☛ Ejercicio *El compromiso*)

Recomendación

Elije ser un adulto en todo el sentido de la palabra y comprométete con las cosas importantes de tu vida.

Afirmaciones

Mi primer compromiso es conmigo mismo.

Yo me comprometo con mi crecimiento personal.
Yo me comprometo a esforzarme por ser cada mejor.
Yo me comprometo a nutrir mi cuerpo, mi mente y mi espíritu.
Yo me comprometo a honrar mis emociones.

Diez tendencias del temperamento melancólico

+1 Tendencia positiva:
reflexivo y profundo

El melancólico es reflexivo por naturaleza. La reflexión lo lleva a profundizar en la búsqueda de mayor conocimiento y comprensión. Al contrario del sanguíneo que se conforma con tocar la superficie de las cosas, al melancólico le gusta echarse un clavado para llegar a las profundidades de lo que le interesa. Puede permanecer analizando un tema por mucho tiempo sin aburrirse jamás.

Antes de dormir, le gusta revisar y analizar todo lo que le ocurrió durante el día.

−1 Tendencia negativa:
indeciso, pesado, pesimista

Corre el riesgo de caer en la indecisión. Cuando tiene demasiadas alternativas se pone nervioso y lo invade la duda. Cuando se le exige que decida rápidamente, se estresa y se pone nervioso y ansioso.

Antes de tomar una decisión, revisa y analiza las alternativas para tener "todos los hilos en la mano". Esto es resultado de su inseguridad y su necesidad de controlar. Le teme al error y trata de ser perfecto.

Y cuando insiste en profundizar cuando los demás no están interesados, se vuelve pesado, denso y aburrido. Tiende a enfocarse y recordar los aspectos negativos de las cosas y a ser pesimista. Cuando todos están divertidos en una reunión, se le ocurre comentar la última tragedia que escuchó en el noticiero. Esto le gana el apodo de "aguafiestas".

Recomendación

Equilibra la reflexión y la introspección con la diversión y el entretenimiento. Cuando te observes siendo negativo, perdónate y busca el lado amable de las cosas. Enfrenta tus miedos y suéltalos, para que puedas enfocarte en todo lo bello y positivo que te rodea.

+2 Tendencia positiva: sensible, tiene sentido de humor

Si bien el sanguíneo es sensible a los estímulos físicos que estimulan su sistema nervioso, el melancólico es sensible a nivel emocional. Es indudablemente el más sensible de los temperamentos pues pareciera que sus sentimientos están a flor de piel.

Pero cuando está en confianza tiene la capacidad de hacer reír a los demás y también de reírse de sí mismo. Entonces se vuelve entretenido, ocurrente y gracioso.

–2 Tendencia negativa: exagerado, toma todo personal, se da autoimportancia

Su sensibilidad lo lleva a percibir muchas veces las cosas de una manera exagerada y se desanima y desalienta fácilmente. Si la madre le habla en un tono enérgico, el hijo asegurará que le gritó.

Lo que para otros es una llamada de atención, para él es un insulto. Su sensibilidad puede inflar cualquier suceso hasta que no guarde ninguna relación con lo ocurrido. Su tendencia a tomar todo de manera personal lo lleva a cargar con lo que no le corresponde.

El melancólico tiende a darse autoimportancia, pensando que nadie sufre como él, nadie se preocupa como él, nadie la pasa tan mal como él. En pocas palabras, su sufrimiento lo hace sentirse especial y con derecho a que los demás lo compensen por su dolor.

Recomendaciones

Ocúpate de ti mismo y date atención. Si atiendes tus necesidades y preferencias, estarás satisfecho y contento. Dejarás de reclamarle a los demás, lo que en realidad, es tu obligación.

Afirmaciones

Yo tengo la capacidad de atender mis necesidades.
Yo soy responsable de atender mis necesidades
Sólo yo soy responsable de mi felicidad.
Yo me doy toda la atención y el reconocimiento que necesito.
(☞ Ejercicio *La autoimportancia*)

–3 Tendencia negativa: triste, depresivo, quiere causar lástima

Al ser tan sensible fácilmente se siente lastimado. Por eso es que la tristeza es la emoción más intensa que experimenta. Siente esta tristeza en lo más profundo de su ser sin que muchas veces pueda explicarse de dónde proviene. Cuando esta tristeza se convierte en autolástima, entonces deja de tocar otras emociones que pueden ser muy desagradables, como es el miedo, el remordimiento, o el enojo. La autolástima se convierte en una especie de anestesia que utiliza para manipular a los demás.

En momentos de crisis puede llegar a pensar en el suicidio pero generalmente sólo amenaza sin llegar a consumarlo. Lo que quiere es conmiseración, llamar la atención y saberse querido.

> La esposa de un hombre Eslovenio amenazaba con suicidarse cada vez que el marido quería dejarla. Esto ocurrió veintidós veces pero siempre fracasaba, hasta que finalmente murió en su intento número veintitrés.

Por muchos años, la intención de esta mujer no era morir, sino manipular a su pareja. A través de la culpa y la autolástima lo mantuvo atado a ella, hasta que finalmente terminó por consumar lo que por tantos años fuera sólo una amenaza.

+3 Tendencia positiva: compasivo

El melancólico cuando se encierra en sus problemas, los alimenta como animales en engorda y entonces, crecen, crecen, crecen. Pierde perspectiva y se vuelve egoísta, pensando que sólo lo que le ocurre a él es importante.

> "Supe que tu madre se murió, y he querido hablarte, pero he tenido taaaantos problemas, que me ha sido imposible. Se me descompuso la lavadora, luego tuve que hacerme cargo de la rifa del colegio, eso fue una lata, luego..."

Pero cuando, en vez de fijarse en sus problemas, se enfoca en servir y ayudar a otros, tiene la posibilidad de transformar su tristeza en compasión. La compasión le permite acompañar con amor a otros que sufren. Así, con su delicadeza y ternura, ayuda a aliviar las penas de los demás.

Recomendación

Cuando te sientas abrumado, ábrete al dolor de los demás. Busca hacer algún servicio o tratar de ayudar a alguien con dificultades. Te sentirás mejor y le restarás importancia a tus problemas.

+4 Tendencia positiva: empático

Si alguien tiene un problema el que lo escuchará con atención y tendrá un comentario considerado y amable, será, por supuesto, el melancólico. Su hombro siempre está disponible para que se recarguen y reciban consuelo. Su sensibilidad le facilita ser empático, pues no tiene dificultad para ponerse en los zapatos de los demás cuando la están pasando mal. (☞ Ejercicio *Empatía vs. Simpatía*)

–4 Tendencia negativa: se preocupa, carga con culpas

Sin embargo, también puede pasar de la empatía a la simpatía y contagiarse de los problemas y sentimientos de otros. Entonces se olvida de sí mismo para convertirse en la otra persona, preocupándose y cargando con lo que no es suyo. Tiene dificultad para hacerse a un lado y poner límites que lo protejan de las emociones negativas de los demás. (☞ Ejercicio *La preocupación*)

Recomendaciones

Revisa cómo te sientes después de que alguien te comparte sus problemas. Si te sientes triste y deprimido, entonces simpatizaste. Si te sientes bien, empatizaste.

Recuerda que sólo puedes ayudar cuando guardas cierta distancia y no te contagias de sus emociones.

Y cuando tengas la tentación de meterte en lo que no te importa o cargar con las responsabilidades de los demás, pregúntate: ¿Esto me concierne? Si la respuesta es no, repítete:

Ellos tienen la fuerza y el poder para resolver sus problemas.
Cuando cargo con sus responsabilidades los invalido.
Yo sólo soy responsable de lo mío.

Siente el alivio de soltar lo que no te corresponde. (☞ Ejercicio *Soltar*)

Reflexiones para sentir empatía en vez de simpatía

Amar a una persona no es cargar con sus problemas.
Cada quien crea su realidad.
Yo sólo soy responsable de mi realidad.
Tú tienes tu historia y yo tengo la mía.

Afirmaciones para dejar de preocuparte

Yo elijo pensamientos que me hagan sentir bien.
Yo tengo dominio sobre mis pensamientos.
Yo tengo poder sobre mis pensamientos negativos.

+5 Tendencia positiva: delicado

El melancólico es delicado tanto físicamente como en su trato hacia los demás. Se acerca con suavidad y cuida lo que dice. Toma en cuenta sus sentimientos, mide sus palabras, es cariñoso, es considerado, atento y cortés.

–5 Tendencia negativa: quejumbroso, enfermizo

Al melancólico le gusta renegar y quejarse. Disfruta estando enfermo por la atención que recibe. Puede hablar larga y detalladamente de sus problemas y enfermedades y solicitar consejos, que no necesariamente escucha, ya que no está buscando ayuda, sino atención y apoyo. Llorará fácilmente cuando habla de sus adversidades, despertando lástima en los demás.

A nadie le gusta estar con una persona que constantemente se está quejando o buscando lástima. Si no tiene cuidado, ahuyentará a sus amistades que se cansarán de escuchar una y otra vez sus mismas lamentaciones.

Por otro lado, las enfermedades son resultado de nuestra falta de equilibrio emocional. El cuerpo es el receptáculo de las emociones que nos avisa cuando estamos fuera de equilibrio, primero a través de molestias, que si no atendemos se convierten en dolores y finalmente en enfermedades. El cuerpo es muy paciente, nos avisa de muchas maneras que algo está fuera de orden, el problema es nos hacemos los sordos hasta que no nos queda de otra más que atender la enfermedad que nos hemos provocado.

Cuando el melancólico utiliza las enfermedades como medio para recibir atención, está pagando un precio muy alto. Necesita aprender a darse a sí mismo esa atención en vez de depender de los demás. Te recomiendo el libro de Louise Hay, *Tú puedes sanar tu vida*.

+6 Tendencia positiva: buena memoria

Como se fija en los detalles, recuerda lo que otros pasan por alto. Tiene muy buena memoria.

–6 Tendencia negativa:
rencoroso, no perdona

Pero como tiende a poner su atención en lo negativo, esa buena memoria puede utilizarse para registrar las ofensas y los maltratos que ha recibido. Entonces, se vuelve rencoroso, y tiene dificultad para perdonar. Carga los agravios como un costal pesado que le oprime el corazón.

Recomendación

Aprende a perdonar y aligera tu vida, porque el perdón es un acto de amor.

El primer acto de amor es hacia nosotros mismos. Cuando nos equivocamos y nos perdonamos, nos estamos amando.

Afirmaciones

Yo puedo equivocarme y nunca perderé el amor.
Se vale equivocarse.
Yo me trato con suavidad y amor.
Yo me amo y me perdono.
Cuando perdono a los demás, me libero.
(☞ Ejercicio *El perdón*)

+7 Tendencia positiva:
cariñoso, romántico, detallista

Es tierno y cariñoso. Le gusta tener detalles con los demás y es el romántico de los cuatro temperamentos.

–7 Tendencia negativa:
dependiente, necesita atención

Cuando se siente débil e impotente buscará seguridad y protección apoyándose en otros, y se volverá dependiente. Creerá que todo estará mejor si alguien está a su lado y no querrá valerse por sí mismo.

Como el niño que quiere seguir tomado de la mano de la madre, el dependiente no suelta a la pareja, al hijo o a los amigos. Paga el precio de permanecer inmaduro por no querer independizarse. Esta dependencia no se ve muchas veces a primera vista, pues el melancólico lo disfraza de amor, servicio o atención a los demás. En el colérico, en cambió, se oculta bajo la necesidad de controlar.

Recomendaciones

Si quieres dejar de depender, trabaja con tu autoestima. En la medida en que te valores y te aprecies, crecerá tu sentido de autoconfianza y tomarás el dominio de tu vida.

Atrévete a tomar tus propias decisiones y recupera la seguridad en ti mismo.

Renuncia a la dependencia que te menosprecia.

Afirmaciones

Yo tengo la fuerza y la madurez necesaria para dirigir mi vida.
Yo tengo el poder y el dominio de mi vida.
Yo elijo tomar las riendas de mi vida.
Yo soy una persona autosuficiente.
(☛ Ejercicio *La dependencia*)

+8 Tendencia positiva: servicial

Le gusta atender y estar pendiente de las necesidades de los demás. A través del servicio puede demostrar su amor y desarrollar la compasión. Cuando se siente útil o auxilia a otros, olvida sus problemas y encuentra una razón de ser.

−8 Tendencia negativa: se siente mártir, víctima o salvador

Cuando no toma en cuenta sus propios límites o sirve a los demás por las razones equivocadas, se convierte en mártir o víctima. El mártir se alimenta de sufrimiento y la víctima de lástima, y ambos culpan a los demás por sus desgracias.

> En una encuesta de niños de segundo de primaria les preguntaron:
> ¿Qué hace tu madre en su tiempo libre?
> Una niña contestó: creo que… trabajar.
> Y otra escribió: las mamás no tienen tiempo libre.

Ni el mártir ni la víctima tienen jamás tiempo para ellas mismas. Piensan que están para servir a los demás y que la vida es puro deber, obligación y penas. Por eso cuando todo marcha bien en sus vidas, se sienten incómodos pues están en espera de que en cualquier momento la situación se torne adversa. Y si se divierten, se disculpan por que se sienten culpables.

> "Rebeca, supe que te fuiste de viaje, ¡qué afortunada!" le dice entusiasmada la vecina. "Bueno sí, pero es que hacía años que no tomábamos vacaciones. Y no te creas, aprovechamos para ver a algunos clientes. Desgraciadamente el clima estuvo nefasto, y el hotel no era lo que esperábamos…"

Rebeca haría bien entrando en contacto con algún sanguíneo que le aligere el paquete y le enseñe a gozar de la vida, sin remordimiento alguno. Que le muestre cómo a través de la alegría, la belleza y la gratitud puede contactar su parte más elevada, su parte espiritual.

Pero a los melancólicos también les gusta desempeñar el papel de salvadores. Al rescatar a otros de sus dificultades, buscan recibir atención, cariño y sentirse importantes. Pero cuando cargan con responsabilidades que no les corresponden o no se sienten reconocidos como quisieran, se quedan resentidos.

Recomendaciones

Hazte las siguientes preguntas para saber si estás en el mártir:

> ¿Me siento incomprendido?
> ¿Me siento menospreciado?
> ¿Me siento agobiado?

Si la respuesta es sí a cualquiera de las tres, estás en el mártir. Elige soltar el dolor y abrirte a la alegría y el gusto por vivir. Para saber si estás en la **víctima** pregúntate:

> ¿Pienso ¡Pobre de mí!?
> ¿Suspiro y me quejo con frecuencia?
> ¿Me gusta que me tengan lástima?

Escucha tu tono de voz, ¿es lastimero? Las víctimas tienen un tono de voz especial que no tiene fuerza, es suave y dulzón y busca conmovernos. Escúchate y reconoce cuándo estás en la autolástima y conscientemente elige salir de ese estado.

Si no estás contento con tu vida, reconoce que tú te estás creando esa realidad y que la puedes cambiar. Revisa tus creencias negativas, elimina tus pensamientos limitantes y apóyate en aquellos que te fortalecen y te dan seguridad. Prefiere la calma, al drama.

Considera las siguientes dos opciones:

Quejarte o cambiar

Victimizarte o responsabilizarte

Afirmaciones

Yo tengo la fuerza para enfrentar cualquier situación adversa.
Yo tengo dignidad y merezco ser respetado.
Yo elijo crearme una realidad hermosa.
Yo elijo tener alegría y felicidad.
Yo tengo la fuerza para transformar lo que no me gusta en mi vida.
(☛ Ejercicio *La víctima*)

+9 Tendencia positiva:
cuidadoso, cauteloso

Como es dado a la reflexión, se toma el tiempo para revisar y tomar todos los factores en cuenta antes de decidir. A diferencia del sanguíneo y el colérico que son impulsivos, el melancólico es cuidadoso y no le gusta correr riesgos.

-9 Tendencia negativa:
miedoso, cobarde

Pero cuando se deja invadir por la duda y el miedo, se acobarda. Entonces pierde su poder y se debilita, deja de confiar en sus propios recursos y se siente impotente para defenderse.

El más imaginativo de los temperamentos es el melancólico, pero cuando utiliza esta habilidad para alimentar sus miedos, los exagera hasta que dejan de guardar relación con la realidad.

Por eso hay que recordar, que la mejor manera de tratar el miedo es a través de enfrentarlo. Cuando le damos la cara, se encoje, mientras que cuando le huimos, crece.

Recomendaciones

Alimenta lo positivo en tu vida. Elije poner atención en aquello que te hace sentir bien y te fortalece. Quita tu atención de comentarios negativos, noticias y películas de desastres y tragedias. Rodéate de personas optimistas. Recuerda que tu salud emocional depende únicamente de ti.

Enfrenta tus miedos para que pierdan estatura.

Afirmaciones

Yo soy fuerte y valiente.
Yo tengo el valor para enfrentar cualquier situación por difícil que parezca.
Yo elijo pensamientos que me fortalecen.
Yo tengo dominio de mis emociones.
Yo soy responsable de mi vida emocional.
(☞ Ejercicio *El miedo*)

+10 Tendencia positiva:
bienhecho

Se esmera por hacer las cosas con cuidado y pone atención a los detalles. Se siente orgulloso cuando realiza un buen trabajo.

−10 Tendencia negativa:
se pierde en el detalle, es perfeccionista

Puede caer en el perfeccionismo y entonces se vuelve lento y nunca está satisfecho con los resultados.

Me tomó muchos años de trabajo personal darme cuenta de la implicación de un comentario que hizo un día uno de mis hijos:

"¿Mamá, te puedo decir algo, pero no te enojas?" me pregunto tentativamente. "Sí, dime hijo", le respondí con la incomodidad del que sabe que no le espera algo bueno.
"Te sientes perfecta."

Creo que hasta ese momento no me había percatado de lo perjudicial que puede ser esta máscara de perfección que algunos portamos. Me ha tomado años liberarme de ella y, aún ahora, si no tengo cuidado, regresa sigilosamente a su antiguo puesto.

Cuando tratamos de ser perfectos estamos intentando esconder nuestra parte humana, que de perfecta no tiene nada. El miedo a ser vulnerables y lastimados nos empuja a querer parecer perfectos. Estamos tratando de ocultar viejas heridas. Lo que ignoramos es que esa imagen artificial y rígida que nos esforzamos por sostener, a nadie convence. Mi hijo, a pesar de ser sólo un adolescente, veía claramente a través de ella.

Este perfeccionismo se convierte en nuestro peor enemigo. Nos señala con el dedo una a una nuestras fallas y nos juzga y condena continuamente. Socava nuestra autoestima recordándonos todo el tiempo que no damos la talla, y que no importa cuanto tratemos, nunca lo vamos a lograr.

Este perfeccionismo mata también a nuestra creatividad. La aprisiona y la asfixia hasta que no queda nada. ¿Cómo podemos intentar ser creativos si nuestra meta, la perfección, es un imposible?

Recomendaciones

Acéptate tal y como eres, con tus fortalezas y tus limitaciones. Cultiva tu autoestima para que no tengas necesidad de sostener una imagen de perfección. Cura tus viejas heridas y atrévete a ser vulnerable y mostrar tanto tus fortalezas como tus debilidades con las personas en que confías. Acepta tus equivocaciones como medios de aprendizaje y no como motivos de humillación o de vergüenza.

Afirmaciones

Yo me acepto y me quiero tal y como soy.
Yo abandono el perfeccionismo y opto por la excelencia.
No necesito ser perfecto para ser amado y respetado.
    (*Sincronía* pág. 196)
Yo soy amable y gentil conmigo mismo.
Yo soy tolerante y compasivo conmigo mismo y con los demás.
(☛ Ejercicio *El perfeccionista*)

Diez tendencias del temperamento colérico

+1 Tendencia positiva:
    fuerte, resistente

El cuerpo del colérico exhibe fuerza, poder y resistencia: es fornido, sólido, compacto.

Si es hombre, sus hombros generalmente serán más anchos que la cadera. De la parte superior del cuerpo parece emanar mucha más fuerza que del resto. En la mujer puede ser que esta fuerza se concentre más al nivel de la cadera, los glúteos, el vientre y los muslos.

Su mirada es intensa y directa. Cuando mira a una persona, tiene el don de hacerla sentirse importante y especial.

El colérico es una persona práctica, bien plantada en la tierra.

−1 Tendencia negativa: brusco, enojón

Cuando no mide su fuerza es rudo y áspero en su trato. Cuando sólo se enfoca en lo que quiere obtener, olvida ser respetuoso y se vuelve grosero y arrebatado. Si no sabe manejar su enojo, se acalora fácilmente y en su exaltación hiere a los demás.

Aprovecho para compartir los 7 pasos para el manejo adecuado del enojo, mismos que detallo de forma más completa en el libro "Disciplina con amor para adolescentes".

Todos nos enojamos, aunque nuestras reacciones son distintas dependiendo del temperamento:

El colérico: se enoja fácilmente y estalla. Su enojo es frecuente, intenso y explosivo. Cuando otros se enojan, se siente atacado y se pone a la defensiva.

El sanguíneo: su enojo es fugaz y no muy intenso. Tiende a ignorar su enojo. Huye cuando otros se enojan, o trata de seducirlos con sus encantos para que se calmen.

El melancólico: reprime su enojo convirtiéndolo en resentimiento que carga por mucho tiempo. Se asusta y lastima fácilmente cuando otros se enojan con él.

El flemático: tarda en enojarse, aguanta, aguanta y aguanta, hasta que un día estalla. Generalmente no se deja afectar por el enojo de los demás.

Por eso te recomiendo, que aunque no seas colérico, revises detenidamente los siguientes puntos, asegurándote de complementarlos con el libro de ejercicios.

(☛ Ejercicio *Cómo reacciono cuando me enojo*)

Manejo adecuado del enojo

1. Reconozco mi enojo

El primer paso en el manejo de las emociones, cualquiera que sea, es reconocerla. Decir de una manera muy clara, "Sí, estoy molesto" o enojado o furioso, según el caso. Y una razón muy importante para decirlo en voz alta es para que tomemos conciencia de que estamos en zona de peligro: "Estoy enojado y corro el riesgo de gritar, insultar o hasta pegar".

Porque, si por el contrario, cuando nos preguntan: "¿estás enojado?", contestamos tratando de ocultar nuestra molestia: "No, no estoy enojado", entonces reprimimos nuestro enojo y confundimos al niño.

2. Me responsabilizo de mi enojo y me retiro

Sólo yo soy responsable de mis emociones. Los demás son responsables de las suyas, pero no de las mías. Si yo me molesto o me enojo por su comportamiento, ellos no son responsables de este enojo. Yo elijo cómo responder ante lo que ellos hacen. Puedo elegir reírme, ofenderme, enojarme o puedo escoger ignorarlo. Es mi decisión. Pero muchas veces no nos gusta responsabilizarlos de nuestras emociones:

"¿Quieres que me enoje?"
"Si lo vuelves a hacer, ¡me voy a enojar!"
"Síguele, síguele ¿me quieres ver enojado?"

En vez de culparlos por nuestro enojo, tenemos que tomar nuestra responsabilidad y repetirnos:

Enojarse se vale, lo que no se vale es lastimar.

Por eso, siempre que sea posible, debemos retirarnos cuando estemos muy enojados, para no sucumbir ante la tentación de decir o hacer algo de lo que después nos podamos arrepentir, como dar un grito, un jalón o un golpe.

Ayuda tener frases preparadas como:

"Estoy muy enojado y me voy a calmar y después hablo contigo."

Retírate. Sí, es preferible "aquí corrió que aquí murió". Pero cuando esto no sea posible, **cierra la boca y entrelaza tus manos por atrás,** para evitar dar un apretón, un jalón o un golpe.

3. Suelto mi enojo

Revisemos qué hacer al retirarnos. Si estamos frente a un niño pequeño que pregunta: "y ¿qué vas a hacer?", podemos responderle: "voy a soltar mi enojo y luego a pensar cosas bonitas para sentirme mejor. Cuando esté contento regreso." o "voy a soltar mi enojo y después regreso".

Experimenta y encuentra la mejor manera para soltar tu enojo.

Sugerencias para soltar el enojo:

• **Hacer algo físico:** Camina, corre, golpea una almohada, patea una pelota o grita, pero recuerda que la regla es "sin lastimar a nadie".

Una amiga me compartió lo que llama "la mejor y más barata terapia del mundo para soltar el enojo":

Se sube en su automóvil guardado en el garage y con las ventanas cerradas se pone a gritar hasta que suelta toda su rabia.

- **Escribir:** Esto funciona muy bien especialmente si están en un lugar público donde no pueden expresar su enojo de manera física.

Primera parte
Toma un papel y escribe, sin cuidar ni la letra ni la ortografía, todo lo que cruce por tu mente, por absurdo o terrible que parezca. No censures ni juzgues, simplemente escribe lo más rápido y suelto que puedas. No te preocupes si son groserías o deseos "asesinos" pues al escribirlos los estás sacando de tu cuerpo y te estás liberando de ellos, sin lastimar a nadie. Visualiza cómo todo ese malestar sale por tu brazo y se plasma a través de la escritura.

Es muy importante que al terminar rompas el papel y lo tires al basurero o, mejor aún, si es posible ya que es más gráfico, al inodoro. Al ver cómo desaparecen los pedazos, piensa: "Esto es basura, es porquería, y se va con la porquería."

Segunda parte
Si tienes tiempo y ya soltaste tu enojo, puedes escribir ahora algo muy diferente: cómo te gustaría que fuera tu vida, o algo que te haga feliz. Escribe de la misma manera, de forma suelta sin pensar mucho y sin preocuparte de la letra o la coherencia de lo que escribes. Pon toda su atención en cómo quisieras que fueran las cosas. Empezarás a sentirte cada vez mejor pues habrás dejado atrás tu rabia, y ahora te sentirás más calmado. Si continúas enfocando tu atención en lo que te hace feliz por uno o dos minutos más, empezarás a estar contento. Al contrario de las otras hojas, éstas guárdalas en un lugar especial y piensa de manera consciente: "Esto es lo que sí quiero".

Afirmaciones

Yo puedo expresar mis emociones de una manera segura.

Yo puedo soltar mi enojo sin dañar a nadie.

4. Analizo las causas de mi enojo

Al igual que hay que esperar a que la persona alcoholizada esté sobria para razonar con ella, tenemos que dar tiempo a que estemos calmados, es decir, hasta que toda la descarga hormonal haya sido reabsorbida por el cuerpo antes de tratar de analizar la razón de nuestro enojo. Y ¿por qué es necesario este paso? Pues porque si no vamos a la verdadera causa de nuestro enojo, nos seguiremos enojando.

Para hacer este análisis, hay que tomar en cuenta 3 preguntas:

a. ¿De dónde viene realmente mi enojo?

Aquí la palabra clave es "realmente", porque ponemos nuestra atención en la situación provocadora, pero olvidamos que ésta es solamente la mecha y que la dinamita es otra. Necesitamos con toda honestidad ver el contexto donde nos enojamos, para revisarlo e identificar cuál es la causa de nuestro enojo. Es decir: "ver atrás de bambalinas", ver más allá de la circunstancia que nos alteró.

Celia acaba de enterarse que su esposo tiene una amante. Suena el teléfono y es la escuela que le avisa que su hijo reprobó una materia y tendrá que quedarse a un curso de regularización por las tardes. Cuando el hijo entra a la casa la madre le empieza a gritar: "¡Para divertirte si estás bueno! ¿verdad? ¡Pero no para la escuela! ¡Eres un vago, ni pienses que yo voy a pagarte el curso de regularización, y tampoco te pienso llevar! ¡¿Me oyes?! ¡Arréglatelas como puedas!"

En este caso el hijo paga los platos rotos. El verdadero enojo es hacia el padre que le ha sido infiel, pero su ira la dispara contra el hijo que ha reprobado. Si la madre se detiene un momento, podrá darse cuenta que es injusto que el hijo reciba lo que realmente corresponde al padre.

Pero en otras circunstancias, el enojo lo vamos depositando como en un almacén, y un pequeño incidente hace que detone la carga completa. Una clave para saber si tenemos un **depósito de enojo** es darnos cuenta si nuestra reacción es desproporcionada con el incidente que aparentemente lo causó.

Gina es una madre muy paciente, generalmente de buen humor y complaciente. Una mañana se levanta y se da cuenta que su hija adolescente, Selene, no le dio de comer al perro como había dicho. Se siente algo molesta, pero trata de ignorarlo. Cuando va a recogerla al colegio, Selene se tarda media hora en salir porque está platicando con sus amigas. Al llegar a casa, la hija dice que no le gusta la comida que preparó y se hace un sándwich. A las 10:00 p.m. la madre se da cuenta que no ha hecho la tarea y sigue chateando por Internet con sus amigas. Ante el asombro de la hija, la madre explota, pegándole de gritos a la vez que la jala de la espalda: "¡Estoy harta, pero verdaderamente harta, eres una irresponsable, quién te has creído? ¡¿Pero quién te has creído?!"

Gina ha ido juntando muchos enojos, no sólo de ese día sino de días pasados también, que al no expresarlos se han ido acumulando hasta que a las 10:00 de la noche, explotan todos juntos como una bomba, para sorpresa de su hija que no tiene idea por qué está tan furiosa. (☞ Ejercicio *Los depósitos de enojo*)

Cuando reprimimos nuestro enojo, éste se convierte en lo que sería una especie de ampolla llena de pus que si no la atendemos, acaba infectando toda nuestra vida emocional y al afectarse nuestra vida emocional nuestro cuerpo también lo resiente. Es bien sabido que hay muchas enfermedades relacionadas con el enojo. Por eso es tan importante aprender a soltarlo de una manera adecuada sin lastimarnos ni a nosotros mismos ni a los demás.

En conclusión, nuestra tarea es revisar y hacernos las siguientes preguntas:

¿De dónde viene mi enojo?
¿Por qué estoy realmente enojada?
¿Es proporcionada mi reacción al incidente que "lo causó"?
¿O es un depósito de enojo que he venido acumulando y necesita salir?
(☛ Ejercicio *Cómo procesar nuestro enojo*)

b. ¿Qué obtengo con mi enojo?

Si tenemos el hábito de enojarnos con frecuencia, es importante considerar esta pregunta porque seguramente algo estamos obteniendo. Quizás conseguimos manipular, amenazar, controlar o castigar a los demás. O es una manera de sentir nuestra fuerza o de recibir atención.

De nosotros depende dejar de manipular a los demás y cultivar, en su lugar, una relación basada en el respeto mutuo.
(☛ Ejercicio *Qué obtengo con mi enojo*)

c. ¿Cuál es mi necesidad insatisfecha?

Esta tercera pregunta es la más importante, por que es el meollo del asunto. ¿Qué me está haciendo falta que estoy enojado? Porque finalmente el enojo es sólo un síntoma. El enojo es un indicador de que algo está fuera de orden, de que me estoy sintiendo impotente, desprotegido y vulnerable. El enojo surge como una defensa automática que nos dice que hay algo importante que atender. Como la luz intermitente en el tablero del automóvil que nos comunica que estamos bajos de combustible y que no deja de encenderse hasta que hayamos puesto gasolina, el enojo no dejará de aparecer hasta que hayamos satisfecho nuestras necesidades básicas.

Podemos resumir nuestras necesidades básicas de la siguiente manera:

- A nivel físico: sentido de bienestar como resultado de estar descansados, bien alimentados y sin dolor físico.
- A nivel emocional: atención, aceptación, amor y seguridad
- A nivel social: sentido de pertenencia
- A nivel espiritual: sentirse conectado con algo superior

De ahí se ramifican muchas otras necesidades que tenemos que tomar en cuenta para sentirnos bien. A nosotros nos compete revisar qué nos está haciendo falta y poner el remedio necesario. (☞ Ejercicio *Mis necesidades insatisfechas*)

5. Siento remordimiento y me perdono

Una vez que haya analizado mi enojo, el siguiente paso es sentir remordimiento si:

- Lastimé a otras personas (grité, insulté, humillé, golpeé)
- Me lastimé a mí mismo
- Culpé a otros por mi enojo
- Utilicé mi enojo para manipular, controlar, amenazar o castigar

Tener remordimiento significa sentir una pena profunda por haber fallado y esto me impulsa a querer cambiar. A decir: "nunca más, esto no quiero volver a repetirlo jamás."

El remordimiento duele, y por eso muchas veces le huimos en el afán de no sentirlo. Entonces nos anestesiamos sintiendo, en vez culpa, que nos deja pasmados, en un estado incómodo pero que no nos lleva a dar el siguiente paso para asumir nuestra responsabilidad. La culpa es pariente de la vergüenza, la manipulación y el chantaje. Nos hace sentir vergüenza e impotencia, y sin esperanza de algún día merecer ser perdonados. Nos dice sin palabras: "no tienes remedio."

El remordimiento, en cambio, me confronta con mis errores y me mueve a querer cambiar para ser una mejor persona. Después de sentir remordimiento es importante perdonarme. Esto significa que reconozco que soy humano y que puedo fallar. Quiere decir que acepto mis debilidades y que mis errores son parte de mi aprendizaje. Una vez que me perdono puedo dar el siguiente paso para tomar mi responsabilidad.

Si no me perdono, me quedo atorado en la culpa y entonces no puedo dar el siguiente paso para tomar mi responsabilidad. Cuando nos sentimos culpables existe la tentación de tratar de complacer a los demás o de dejarnos manipular por ellos.

Por eso es importante perdonarnos, lo que significa darnos cuenta que somos humanos y se vale fallar. Quiere decir que aceptamos nuestras debilidades y que nuestros errores son parte de nuestro aprendizaje. Entonces, en vez de quedarnos sintiéndonos infames, damos el siguiente paso para tomar nuestra responsabilidad.

Afirmaciones

Yo estoy bien, aunque lo que hice estuvo equivocado.
Soy humano y se vale equivocarse.
Yo me perdono y me amo.

6. Me responsabilizo de mi impacto: ofrezco disculpas

Tomar responsabilidad en estos casos significa disculparnos con las personas que lastimamos. Y digo disculparnos en vez de pedir perdón, por que no depende de nosotros el que nos perdonen. Yo me disculpo y dejo al otro en libertad de perdonarme o no. Yo cumplo con la parte que me corresponde, y le dejo su responsabilidad al otro.

En mis cursos invariablemente me preguntan si al disculparse un padre con su hijo, no pierde autoridad. Tengo que aclarar que por el contrario, cuando un padre reconoce su error, crece en estatura frente a sus hijos. Es muy importante que les demos el ejemplo de cómo tomar responsabilidad de nuestros actos, de cómo asumir las consecuencias del impacto que tenemos sobre los demás. Cuando un hijo escucha que su padre es capaz de disculparse, aprende a tener la humildad de mostrarse equivocado.

Pero tenemos que aprender a disculparnos como adultos y no perder nuestro lugar como padres al hacerlo. Por eso recomiendo no pedir perdón, ni preguntar. Es mejor ofrecer sus disculpas y dejar a los hijos en libertad de aceptarlas o no.

Observemos la diferencia:

Con voz asertiva:

"Hijo, me quiero disculpar contigo. Lo que hice estuvo equivocado. Siento mucho haberme enojado de esa manera y haberte faltado al respeto."

Con voz suplicante:

"Hijo, ¿me perdonas? Lo que hice estuvo equivocado. ¿Sí me perdonas, por favor hijo, me perdonas?"

Cuando preguntamos si nos perdonan, corremos el riesgo de que nos contesten que no y terminemos rogando o manipulando. En pocas palabras, acabamos como otro niño o adolescente frente a ellos y perdemos nuestro lugar como adultos. Así que mejor no se arriesguen, repítanse:

"Me disculpo con mi hijo sin olvidar que soy su padre.
Recuerdo que yo soy el adulto en esta situación."

7. Me doy lo que necesito

Este último paso está ligado al paso 4, donde analizamos las causas de nuestro enojo, pues de nada sirve saber por qué estamos enojados, si no buscamos e implementamos la solución. Este es el paso más importante en el manejo de cualquier emoción, pues de no hacerlo, seguiremos enojándonos.

El remedio puede ser algo distinto para cada persona. Para una puede ser descansar o reducir el número de actividades para estar menos estresado. Para otra, hacer ejercicio o buscar entretenimientos que lo diviertan y relajen. En otro caso, trabajar con su autoestima, para no tomar todo de manera personal o como ofensa, o trabajar con sus creencias equivocadas y los pensamientos detonadores.

Sólo nosotros podemos identificar y atender nuestras necesidades insatisfechas, pues nadie más es responsable de nuestro bienestar. A veces queremos culpar a nuestros padres, a la pareja o a los hijos, pero la verdad es que cada uno de nosotros tiene que tomar la responsabilidad de sí mismo. Las preguntas que constantemente tenemos que tener presentes son:

¿Qué me hace falta para sentirme bien?

¿Qué necesito hacer o dejar de hacer para sentirme mejor?

¿Qué me da alivio?

¿Qué me relaja y me pone de buen humor?

¿Qué me aligera y hace sentir feliz?

Pero la respuesta a cualquiera de estas preguntas no puede ser:

"Necesito que tú cambies para que yo esté bien. Si te comportas como me gusta y me complaces, yo soy feliz."

Si nuestra felicidad depende de lo que otros hacen o dejan de hacer, siempre viviremos a expensas de ellos, tratando de controlar sus vidas para sentirnos satisfechos. Y ellos estarán infelices tratando de que los dejemos en paz.

Los demás no están aquí para hacernos felices ni para complacernos. Ellos tienen sus propias lecciones que aprender y sus propios caminos que recorrer. Busquemos en nuestro interior la alegría de vivir. Aprendamos a sentirnos contentos, sin depender de persona alguna, dirigiendo nuestros pensamientos y nuestra atención hacia aquello que nos dé bienestar. Cuando nos demos cuenta que nuestra felicidad no depende más que de nosotros mismos, entonces seremos realmente libres.

(☞ Ejercicio *La aceptación*)

Secuencia de afirmaciones

Te libero de tratar de complacerme.

Tú tienes tu propio camino.

Tú no eres responsable de mi felicidad.

Mi felicidad depende únicamente de mí.

Yo me responsabilizo de ser feliz.

Yo elijo ser feliz.

+2 Tendencia positiva:
seguro

El colérico se mueve con seguridad y pisa con aplomo. Su presencia se hace notar. Parece decir: "Mírenme, aquí estoy. Pueden confiar en mí". Cuando esta seguridad es resultado del autoaprecio, entonces se acepta a sí mismo de una manera integral, con sus fortalezas pero también con sus limitaciones. Este autoaprecio nada tiene que ver con sentirse mejor que los demás.

−2 Tendencia negativa:
orgulloso, arrogante, soberbio, se siente superior

Pero cuando esa seguridad sólo es aparente, cuando no está basada en el autoaprecio sino en querer ser más que otros, se volverá arrogante, prepotente y altanero.

Sentirse superior es el otro lado de la moneda de sentirse inferior. Ambos se menosprecian pero lo muestran de distintas maneras.

Cuando esto ocurre con el colérico: "ocupará mucho espacio", pues necesitará demostrar su fuerza o su inteligencia imponiéndose para no sentirse vulnerable o débil por miedo a que se aprovechen de él o lo controlen. Se mostrará valiente, audaz y fuerte y jamás reconocerá sus temores o debilidades.

Será orgulloso y le disgustará estar en situaciones en las que deba dar cuenta de lo que hace a otros, pues no soporta que lo corrijan o lo manden. Tampoco pedirá ayuda cuando la necesita pues querrá mostrarse autosuficiente en todas las situaciones.

Cuidará mucho su reputación como persona fiable, responsable y que realiza bien su trabajo y se sentirá traicionado si alguien hace o dice algo que pueda afectarlo. Cuidará mucho lo que dice de sí mismo, para no lastimar su reputación.

Los padres coléricos pueden actuar más por cuidar su propia reputación que en función de la felicidad de sus hijos.

Recomendaciones

Pide ayuda cuando la necesites. Pedir ayuda es distinto a que alguien haga las cosas por ti. No pierdes mérito cuando recibes ayuda. Cuando te abres a recibir estás permitiendo al otro dar; y es en este dar y recibir que estamos amando.
Atrévete a mostrar tus debilidades y a ser vulnerable.

Afirmaciones

Yo pido ayuda cuando la necesito.
Mi seguridad se deriva de mi autoaprecio.

+3 Tendencia positiva:
tiene atención, enfocado

De los cuatro temperamentos el que mejor atención tiene es el colérico. Me gusta decir que cuando algo le interesa, no parpadea ni respira. Su atención se enfoca como si fuera un rayo láser, absorbiendo todos los detalles a través de la intensidad de su observación.

−3 Tendencia negativa:
obsesivo

Cuando sólo puede hablar de lo que le interesa, ya sea política, su trabajo o algún deporte, se vuelve obsesivo y aburre a todos con su insistencia.

Recomendación

Busca el equilibrio a través de tener intereses variados y toma en cuenta, cuando convivas socialmente, las preferencias de los demás. De esa manera serás más flexible y adaptable y mejorarán tus relaciones.

+4 Tendencia positiva: tiene pasión, entusiasmo y elocuencia

La pasión impulsa sus sueños y creatividad. Cuando algo le interesa, lo inyecta con entusiasmo y pasión, y contagia a todos los que lo rodean. Habla con vehemencia y su efusividad vuelve atractivo cualquier tema que toque.

–4 Tendencia negativa: impositivo, competitivo, fanático

Como tiene una personalidad fuerte, cuando afirma con fuerza lo que cree, espera que todos se adhieran a lo que él piensa. Se forma rápidamente una opinión sobre alguien o algo y está convencido de tener la razón. Da su opinión de manera categórica y desea convencer a toda costa a los demás. No le gusta que lo contradigan y se ofende si lo cuestionen. Cuando hay discusiones tiene que ganar.

Es competitivo por naturaleza y es muy mal perdedor. Se enfurece, puede aventar las cosas o acusar a los demás de hacer trampa o ser injustos. Si es un niño, podrá incluso elaborar de nuevo las reglas del juego para que éstas estén a su favor.

Recomendación

Cuando sientas el impulso por competir, pregúntate: ¿a quién estoy tratando de impresionar? ¿Por qué necesito sentirme mejor que los demás? ¿Vencer me da mi sentido de valoración?

Recuerda que puedes lograr la excelencia sin necesidad de competir.

Afirmación

No necesito competir para afirmar mi valor.
Yo valgo independientemente de mis logros o mis fracasos.

+5 Tendencia positiva:
tiene voluntad, activo, dinámico

Una de las mejores cualidades del temperamento colérico es que tiene voluntad. Todo lo que piensa y planea lo lleva a la acción, lo pone en marcha. Por eso es que en poco tiempo materializa aquello que desea. Su energía y dinamismo lo hacen incansable.

–5 Tendencia negativa:
impulsivo

Puede ser impulsivo e impetuoso. Se deja llevar por sus emociones y no piensa. Cuando es arrebatado, después se arrepiente de tomar decisiones precipitadas o de pasar por encima de los demás.

+6 Tendencia positiva:
líder, carismático, visionario

Le gusta dirigir. Cuando es un buen líder conduce, administra y gobierna, tomando en cuenta a los demás y permitiendo la retroalimentación. Cuando no está tratando de controlar, dejará que sus subordinados se desempeñen en libertad y no será necesario que las cosas se hagan a su manera. Entonces habrá un aprendizaje mutuo entre subordinados y jefes.

Su entusiasmo, pasión y elocuencia lo hacen carismático y su proyección hacia el futuro, un visionario.

–6   Tendencia negativa:
controlador, autoritario, déspota, tirano

Así como puede ser un líder carismático que puede traer cambios significativos para el bien de la humanidad, si se vuelve autoritario y controlador puede convertirse en un déspota o un tirano.

Los cuatro temperamentos pueden ser controladores, pero la manera de hacerlo y la motivación serán distintas. Veamos las diferencias:

El colérico: su control es muy aparente. A través de controlar a los demás busca asegurarse que cumplan con sus obligaciones y mantengan sus compromisos, de esa manera, protege su reputación. Cree ayudar cuando en realidad está controlando. Controla también para asegurarse del amor y la fidelidad de los demás. Disfruta que otros dependan de él y quiere ser admirado.

El sanguíneo: controla a los que quiere para que estén socialmente a la altura. Quiere asegurarse de que queden bien, de que digan lo correcto y cuiden su apariencia. Su mayor interés es gustar y mantener una buena imagen social.

El melancólico: su control es solapado, se vale de sobreproteger y manipular a través de la culpa y el chantaje. Su intención es recibir atención y amor, y sentirse importante y apoyado. Controla a los demás para no quedarse solo.

El flemático: su control es callado y tapado, jamás discute, pero se sostiene como una roca firme cuando decide algo. Controla para sentirse seguro y para proteger a los que quiere. Sobreprotege para no permitir riesgos que amenacen su estabilidad.

Cuando el colérico cree que como es fuerte, rápido y eficaz, su obligación es ayudar a los demás a dirigir sus vidas, no se percata de que actúa así para controlarlos. Al controlar sus asuntos, se asegura que responderán a sus expectativas, pero el precio que ambos pagarán, será permanecer en una relación de codependencia.

El controlador se vale de muchas maneras para ejercer ese control: manipula, atemoriza, chantajea, culpabiliza, castiga. Sobra decir que ninguno de estos medios es respetuoso y que daña sus relaciones.

Los hijos melancólicos, flemáticos o sanguíneos, se someterán al padre controlador, obedeciendo por que no les queda de otra. Se sentirán oprimidos, pero en lugar de enfrentarlo, preferirán doblegarse. Reprimirán su resentimiento y se aguantarán.

En cambio, el colérico se rebelará. Buscará por todos los medios liberarse del yugo del controlador hasta lograr soltarse, rompiendo muchas veces los vínculos de por vida.

El padre que controla a su familia por miedo a perderlos, a que se le salgan de las manos, pierde lo más importante, pierde su amor. Por que no podemos querer a los que nos oprimen, someten o amenazan. El miedo y el amor no pueden coexistir, el miedo termina siempre empujando al amor a buscar mejores lugares.

Controlamos por miedo, por falta de confianza en los demás de que pueden equivocarse pero aprenderán. El miedo a la pérdida del amor de los que le importan, lleva al colérico a controlar y al melancólico a sobreproteger. Ambos están de manera equivocada tratando de aprisionar lo que necesita quedar en libertad, por que el amor no permite ser encarcelado, busca siempre volar. (☛ Ejercicio *El controlador*)

Recomendaciones

Cultiva tu autoestima para que te sientas seguro de ti mismo. Entonces no necesitarás controlar a los demás para sentirte bien. Cuando sientas el impulso de controlar pregúntate: ¿Por qué me estoy sintiendo inseguro? ¿Por qué estoy tratando de encontrar el apoyo y la validación fuera de mí? ¿Qué me necesito dar a mí mismo para no buscarlo en los demás?

Secuencia de afirmaciones
Repite esta secuencia varias veces.

Yo te libero de tratar de complacerme.
Yo te libero de tener que obedecerme.

No necesito controlarte para sentirme seguro.
Yo encuentro mi seguridad en mi mismo.

Tú eres responsable de tu vida.
Yo soy responsable de la mía.

Yo te respeto y te valoro y te dejo en libertad.
Al liberarte tú, me libero yo.

Yo me respeto y me valoro.
Me aprecio y me amo.

+7 Tendencia positiva:
responsable, comprometido, perseverante, trabajador

Se esfuerza por ser responsable y cumplir con sus compromisos. En su trabajo es emprendedor y no se desalienta ni desanima cuando tiene que enfrentar obstáculos o retos. Por el contrario, éstos se convierten en incentivos para esforzarse más. Es perseverante consiguiendo lo que se propone gracias a esta tenacidad.

–7 Tendencia negativa:
necio, testarudo, intransigente

Cuando se niega a escuchar la opinión de los demás puede ser necio y testarudo. En su afán de querer tener la razón, se cierra a otras alternativas y se vuelve intransigente, obtuso y rígido.

Recomendación

Recuerda que "nuestra verdad" es sólo parte de una verdad mayor, y que cuando nos negamos a escuchar a otros, estamos limitando nuestra visión. Ábrete a escucharlos. Cuando los tomas en cuenta, no te estás restando valor, por el contrario, te estás enriqueciendo.

+8 Tendencia positiva:
enfrenta problemas, habla claro y directo, valiente

Al colérico le gusta "tomar al toro por los cuernos". Cuando hay alguna dificultad, prefiere enfrentar la situación en el momento y aclararla. A diferencia de los otros temperamentos que evaden o huyen de los conflictos, al colérico le gusta resolver los problemas cuando se presentan. Tiene la habilidad de ser claro y no se acobarda para decir lo que piensa.

–8 Tendencia negativa:
insensible, hiriente, agresivo, violento

Como muchas veces se deja llevar por su impulsividad cuando está enojado, puede ser hiriente. En esos casos no mide su fuerza y lastima con su agresividad. Puede llegar a ser violento si no sabe manejar su rabia.

Recomendación

Suelta tu enojo antes de enfrentar a la otra persona. Cuando tengas que corregir a alguien, ponte en sus zapatos y trata de empatizar. Pregunta antes de llegar a conclusiones. Al hablarle, toma en cuenta su temperamento y su sensibilidad. Haz un esfuerzo consciente por suavizar tu tono de voz y dale oportunidad al otro de expresarse.

+9 Tendencia positiva: rápido, eficiente, organizado

Es rápido y ágil para actuar y como se enfoca cuando algo le interesa, también es rápido de comprensión. Es eficiente y organizado en todo lo que hace por que no tiene tiempo para perder.

−9 Tendencia negativa: intolerante, impaciente, se siente infalible

Exigirá que sus hijos sean rápidos y aprendan con rapidez, ya que eso es exactamente lo que se exige a sí mismo.

Es impaciente cuando tiene que mostrar a alguien más cómo hacer las cosas, especialmente si esta persona es lenta para aprender. Cuando algo no va a la velocidad que él desea, se enfurece, pues quiere que todos marchen a su mismo son. Por estas razones, terminará muchas veces haciendo todo él mismo.

También se impacienta cuando alguien toma demasiado tiempo para explicar o narrar algo. Suele interrumpir y responder incluso antes de que su interlocutor haya terminado de hablar. Pero si alguien se atreve a hacerle lo mismo, dirá enérgicamente: "Permíteme, ¡no he terminado!"

Es duro y justiciero con los demás, pero se niega a aceptar sus propios errores, prefiriendo culpar a otros cuando las cosas le salen mal. Quiere parecer infalible y perfecto.

+10 Tendencia positiva: tiene iniciativa, emprendedor

Es valiente, le gusta arriesgarse y toma decisiones con facilidad. Tiene iniciativa para planear y proyectarse a futuro y se aplica para conseguir lo que quiere.

Iniciativa, voluntad, compromiso y perseverancia, son los cuatro pilares en los que se apoya el colérico para realizar sus sueños.

−10 Tendencia negativa:
no toma a otros en cuenta, metiche, exigente, desconfiado, no delega, mandón

Es egoísta cuando toma decisiones sin tomar en cuenta los deseos de los demás.

Cuando es él quien decide, se da el derecho a cambiar de idea fácilmente.

Da su opinión sin que se la pidan y le gusta añadir a lo que los demás dicen o hacen. Quiere siempre tener la última palabra.

Es aún más exigente con quienes lo rodean que consigo mismo. Es mandón y parece tener sensores especiales para saber qué están haciendo los demás y si lo están haciendo bien. Se siente indispensable y le es difícil delegar una tarea y depositar su confianza en otros. Cuando llega a delegar algo, serán tareas sencillas de las cuales no será responsabilizado si no se hicieron bien. Entonces, verificará continuamente si se está realizando según sus expectativas.

Recomendación

Presta oídos sordos a tu "ego negativo" que te quiere convencer de que eres indispensable, de que nadie hace las cosas mejor que tú y que por eso necesitas controlar todo lo que hacen los demás.

No te metas en lo que no te importa. Libérate soltando lo que no te corresponde. Cuando los dejes en libertad para hacer su trabajo, sabrán que estás confiando en ellos y obtendrás mejores resultados.

Diez tendencias del temperamento flemático

+1 Tendencia positiva:
tranquilo, ecuánime, sensato

El flemático es calmado, sereno y sensato por que no se deja llevar por sus emociones. Esto permite que se mantenga centrado, imperturbable, independientemente de lo que ocurra a su derredor. Lo que a los demás temperamentos descontrola, al flemático generalmente no le afecta.

−1 Tendencia negativa:
falta de pasión y entusiasmo

Esa tranquilidad puede convertirse en indiferencia y apatía. Si no busca despertar conscientemente su pasión y entusiasmo por la vida, su existencia se vuelve apagada e insípida. (☛ Ejercicio *La alegría*)

+2 Tendencia positiva:
disciplinado, rutinario

El flemático detesta vivir en el caos y tener cambios constantes. Su seguridad y confianza están en su rutina cotidiana. Le gusta repetir la misma secuencia de actividades día con día, pues no se cansa de hacer lo mismo. Cuando se propone incorporar algo nuevo en esta rutina, se disciplina hasta convertirlo en un hábito. Lo que para el sanguíneo parece inalcanzable por que le cuesta trabajo enfocarse y se pierde en un torbellino de actividades, para el flemático es su modus vivendi.

–2 Tendencia negativa:
aburrido, apático, no le gusta el cambio

Su vida se puede volver monótona y desabrida, sin excitación ni emoción alguna, cuando esa rutina se vuelve inquebrantable. Los días transcurrirán con normalidad y quietud, pero no se alimentará de experiencias nuevas. Vivirá en la inercia y de manera automática.

Recomendación

Haz un esfuerzo por salirte de tu rutina para incluir cosas nuevas en tu vida. Apóyate en un amigo sanguíneo y acompáñalo de vez en cuando a algún evento divertido. Encuentra nuevos intereses o hobbies.

+3 Tendencia positiva:
observador, imparcial, justo

En su quietud, observa silenciosamente todo lo que ocurre a su alrededor. Puede hacer a un lado sus emociones para ser imparcial y objetivo. Cuando opina trata de ser neutral. Siempre he pensado que todos los jueces deberían ser flemáticos, para asegurarnos de que sean justos y equitativos. Entonces examinarán con su habitual tranquilidad cada lado de una situación, tomando así la mejor decisión. Por que cuando el flemático pondera algo, no permite que nada ni nadie lo presione o lo apresure. Puede ser incorruptible e insobornable.

–3 Tendencia negativa:
retraído, solitario

Si se abstrae en su vida interna y se aísla, se vuelve huraño, reservado y hermético. Se puede convertir en un ermitaño excéntrico que vive su vida, sin interesarle lo que le pase a los demás. Se torna frío e indiferente. (☛ Ejercicio *El equilibrio*)

+4 Tendencia positiva: paciente, tolerante

La paciencia es una forma de perseverancia que permite al flemático esperar con calma hasta obtener lo que quiere. De forma tranquila y sin decir palabra, aguarda hasta lograr lo que se propone. No se exaspera ni pierde la esperanza. Simplemente permanece impasible con la seguridad de que el tiempo le dará lo que desea.

También es paciente y tolerante con los demás.

–4 Tendencia negativa: no pone límites, evita los conflictos, se acobarda

Al igual que el colérico, puede ser obstinado, negándose a escuchar las razones de los demás. No le importará si no están de acuerdo con él o no lo apoyan, pues cuando está decidido es como una roca que nadie puede mover.

Evita los conflictos y cuando no está de acuerdo, simplemente calla y hace después lo que quiere. No pierde el tiempo en discusiones inútiles ni le interesa convencer o competir con persona alguna. Puede acobardarse si está frente a un colérico agresivo y su defensa será permanecer inmutable, sin reaccionar, o le dará la razón para hacer después lo que él quiere.

Pero su paciencia puede traerle problemas, pues como no le afectan las rabietas de los demás, no pone límites, simplemente se queda callado y aguanta, permitiendo faltas de respeto.

El maestro flemático permitirá que sus alumnos hagan lo que quieran porque su límite de tolerancia es muy elevado, simplemente no le molestan las cosa como a los otros temperamentos.

208 ◆ EL TRABAJO INTERNO DE LAS EMOCIONES

Recomendación

Si bien la paciencia es una cualidad maravillosa, cuando no pones límites o no enfrentas tus problemas, estás creando una bomba de tiempo que puede explotar. Aprende a detectar cuándo es necesario decir "¡basta!" y sostente con firmeza.
(☞ Ejercicio *El huir*)

+5 Tendencia positiva:
veraz, honesto

A diferencia del sanguíneo que quiere quedar bien y puede ser oportunista, el flemático no tiene dificultad para decir las cosas como son. No adorna sus comentarios ni trata de sacar provecho. Es honesto, sincero y fidedigno. Generalmente da su opinión sólo cuando se le solicita, si no guarda silencio. No le gustan los chismes ni es dado a criticar. Por su cara inexpresiva, es difícil saber lo que piensa.

–5 Tendencia negativa:
callado, no es popular, quiere ser dejado en paz

Piensa antes de hablar y tarda en expresarse para desesperación de los demás. Pareciera que sopesa cada palabra que dice. Si es por falta de autoestima puede pensar que sus palabras o sus actos carecen de valor. Cuando recibe demasiada atención se siente incómodo pues piensa que molesta cuando ocupa demasiado espacio. Si habla y alguien le quita la palabra, su reacción inmediata es pensar que sucedió porque lo que decía no era importante y entonces deja de hablar. Le es difícil expresar su opinión cuando no se la solicitan porque tiene miedo de sentirse rechazado.

No le interesa ser popular, prefiere ser ignorado y quedarse en paz.

+6 Tendencia positiva:
humilde, sencillo

Es respetuoso, dócil y modesto. Su sencillez lo hace agradable y fácil de tratar. No le gusta hacer alarde de sus logros ni presumir. Prefiere pasar desapercibido que recibir demasiada atención.

–6 Tendencia negativa:
baja autoestima, se siente inferior

Si tiene baja autoestima, se siente inseguro e inadecuado. Entonces, se menosprecia y se cree inepto, incompetente o inútil, doblegándose y sometiéndose a lo que los demás quieren. Se vuelve complaciente anteponiendo las necesidades de los demás a las suyas. Tiene la facilidad de situarse en circunstancias en las que debe ocuparse de alguien más, para olvidarse paulatinamente de sí mismo. Y mientras más cargue sobre su espalda, más tenderá a subir de peso.

Su baja autoestima lo hace compararse con quienes son mejores que él, lo que le hace creer que no es tan bueno como otros. No se percata de que puede ser mejor que cualquiera en muchos ámbitos e incluso le es difícil creer que alguien más pueda elegirlo como amigo, como pareja o que las personas realmente puedan amarle.

Si desea pedir algo a alguien y esa persona está ocupada, lo dejará así y no dirá nada. Él sabe lo que quiere pero jamás se atrevería a exigir, pues cree que no es suficientemente importante como para molestar a los demás.

Las actitudes de inferioridad en el flemático y de superioridad en el colérico son como dos lados de una misma moneda. Cuando se sienten inseguros, cada uno reacciona de acuerdo a su temperamento: el colérico se vuelve arrogante, presumido, competitivo, exigente; y el flemático se encoje y se somete. Nos resulta más fácil identificar la baja autoestima en este último, pues el colérico a veces nos engaña haciéndonos pensar equivocadamente que sus alardes son resultado de su gran seguridad.

Recomendación

Si te sientes inseguro, inferior o inadecuado, necesitarás cultivar tu autoestima por que de lo contrario, tu vida te estará continuamente reflejando esa falta de apreciación por ti mismo. Encontrarás que las personas te menosprecian, te hacen a un lado, o no te toman en cuenta. Están siendo simplemente un reflejo de las creencias limitantes que tienes de ti mismo.

Elige cambiar tu realidad a través de cultivar tu autoestima.

Recuerda que no eres más ni menos que nadie y que no tienes por que compararte.

Afirmación

Yo no soy ni superior ni inferior a nadie.
Yo sé que valgo y me aprecio a mí mismo.
(☞ Ejercicio *La autoestima*)

+7 Tendencia positiva: leal, comprometido, trabajador

El flemático es un excelente trabajador: serio, aplicado e industrioso. Le gusta ser puntual y cumplir con sus compromisos y no es dado a los chismes o a las intrigas. Sus jefes y colegas reconocen su integridad y saben que pueden contar con su lealtad.

-7 Tendencia negativa: no tiene iniciativa, dependiente

Si bien es bueno para seguir instrucciones y cumplir con lo que se le pide, puede carecer de iniciativa. Se conformará y se resignará con su trabajo rutinario, faltándole el valor y atrevimiento para cambiar lo que le desagrada. Puede permanecer muchos años en el mismo empleo aunque le disguste. (☞ Ejercicio *De la codependencia a la interdependencia*)

Recomendación

Tener iniciativa es tener decisión. Es tomar las riendas de tu vida. Es aprovechar las oportunidades que se presentan para vivir mejor y ampliar tus horizontes.

Cuando tienes iniciativa, le dices sí a la vida y te impulsas hacia delante.

Toma la iniciativa y haz los cambios que necesites para ser más feliz. No esperes que otros te den permiso o te otorguen lo que mereces. Da los pasos necesarios para atraerlo y recibirlo.

Afirmaciones

Yo tomo la iniciativa para hacer los cambios que necesito para ser más feliz.

Yo merezco lo mejor, y me abro para recibirlo.

+8 Tendencia positiva: ahorrador, previsor

Vivir con un flemático es vivir con seguridad económica, sin sobresaltos. Por que a diferencia del sanguíneo para el que comprar es una constante tentación, el flemático es sobrio y sólo adquiere lo que realmente necesita.

"Celina, ¿ya viste que falda más bella? Y está de rebaja, es exactamente el color que te encanta ¿no te la vas a comprar?" pregunta entusiasmada la amiga. "No", contesta Celina pausadamente, "ya tengo dos faldas, no me hace falta otra."

El flemático no tiene las mismas debilidades que el sanguíneo. Es moderado, prefiere ahorrar para sentirse seguro y tranquilo, y ser previsor para no llevarse sorpresas. En este sentido, los padres flemáticos les ofrecen a los hijos hogares estables, bien consolidados.

–8 Tendencia negativa:
tacaño, no se arriesga, no cuida su imagen

Puede exagerar su frugalidad y volverse austero y tacaño. Restringirá los gastos de su familia haciendo caso omiso de sus reproches. Como no le interesa cuidar su imagen, usará el mismo atuendo sin importarle lo viejo y gastado que se vea, le parecerá un derroche si los hijos o la esposa quieren vestirse mejor. Preferirá vivir limitado que arriesgarse a buscar otro empleo o invertir en algo que le parezca inseguro. No es atrevido ni osado.

Recomendación

"El que no arriesga no gana." Si no te arriesgas, no podrás aprovechar las oportunidades que te ofrece la vida. Te pasarán de largo y por el miedo a perder tu seguridad, te quedarás como estás.

Apóyate en tu intuición y aprende a confiar en la vida. Toma los riesgos que necesites para crecer y avanzar.

Y en cuanto al dinero, ¿para qué es, sino para disfrutarse? ¿Para qué es, sino para compartirse con las personas que amamos? Si tú y tu familia son las personas más importantes ¿por qué guardas lo mejor para los invitados?

Valórate lo suficiente para que sepas que mereces gozar y vivir bien.

+9 Tendencia positiva: ordenado, meticuloso

El flemático se apoya en la rutina y el orden para sentirse seguro y estable. Es metódico y le gusta comenzar su trabajo ordenando primero sus cosas, por que el desorden le causa confusión. Pone atención a los detalles, es cuidadoso y minucioso y se esmera por hacer las cosas con exactitud. Pero necesita tomarse su tiempo para hacer bien las cosas, si lo presionan se estresa y se vuelve torpe.

–9 Tendencia negativa: lento, obsesivo

Si exagera en su orden y meticulosidad, puede volverse obsesivo. Desea a tal punto "hacer" todo a la perfección que cualquier tarea le tomará más tiempo del necesario y desesperará a los demás. (☞ Revisa nuevamente el ejercicio *El perfeccionista*)

Recomendación

Recuerda que la perfección es enemigo de la creatividad. Cuando tengas la tentación de revisar, revisar y volver a revisar lo que has hecho detente, por que has caído en la trampa del perfeccionista. Pregúntate, ¿por qué necesito ser perfecto? ¿A quién trato de impresionar?

Después repítete: "Esto que he hecho es suficientemente bueno. La perfección no existe, estoy contento con el resultado", y da la tarea por terminada.

No esperes el reconocimiento de los demás. Date tu mismo el reconocimiento que necesitas. (☞ Ejercicio *El perfeccionista*)

Afirmaciones

Yo soy suficientemente bueno y valioso.

+10 Tendencia positiva: disfruta comer y el confort

Ama los placeres de la vida especialmente en lo que se refiere a la comida y el confort. Es el verdadero gourmet de los temperamentos, pues sus intereses y aventuras frecuentemente se relacionan con la comida. Cuando planea un viaje, siempre es en relación a sus sitios culinarios preferidos. Si recibe una invitación, lo más importante es la comida.

−10 Tendencia negativa: glotón, sedentario, perezoso

Cuando el flemático se gratifica con la comida, puede subir de peso. Entonces engordará en función del espacio que cree que debe ocupar en la vida. Su cuerpo reflejará esta idea y la falta de aprecio por sí mismo. Iniciará un círculo vicioso: entre más engorda, menos se mueve, entre menos se mueve, más engorda.

No le importará estar mal vestido y hará por los demás lo que no hace por sí mismo. Por ejemplo, se ofrecerá a ayudar a limpiar la casa de su amigo, mientras que la suya está sucia.

Se vuelve letárgico, dejado, flojo.

Recomendación

Cuando sepas en lo más profundo de tu ser que eres especial e importante, no tendrás que demostrarlo a los demás. Al reconocerlo, tu cuerpo ya no necesitará ocupar tanto espacio y bajarás de peso.

Afirmaciones

Yo amo y valoro mi cuerpo.
Aprecio mi cuerpo y lo cuido con amor.

CONSIDERACIONES FINALES

Nada nos pone más a prueba que nuestras relaciones de la vida diaria. Ahí surgen con toda claridad nuestras limitaciones y lastimamos a los que más queremos. ¡Qué importante es auto-observarnos si deseamos avanzar en nuestro crecimiento personal! Para elegir amar en vez de lastimar, comprender en vez de juzgar, aceptar en vez de tratar de cambiar.

Porque nuestras relaciones son como un eterno dar y recibir, y en otras ocasiones, recibir y dar. Tú me das de aquello que carezco, yo te doy de lo que a mí me sobra. Tú me enseñas lo que no quiero ver, yo reflejo tu parte divina. Y en este continuo dar y recibir siempre ganamos. Ganamos cada vez que tocamos, con suavidad y amor, el alma agradecida de los demás.

Gracias por acompañarme en la lectura de este libro y es mi deseo que te sirva como un catalizador en tu desarrollo. Como un medio para abrirte, cuestionarte, reflexionar y también reír, por que ser profundo no quiere decir ser serio. Que te ayude a que con soltura aprendas a reírte de ti mismo y así le abras la puerta a la alegría de vivir.

BIBLIOGRAFÍA

Armstrong, Thomas, *Inteligencias Múltiples en el aula, guía práctica para educadores,* Paidos Ibérica, 2006

Barocio, Rosa, *Disciplina con amor,* Pax-México, México, 2004.

_____, *Disciplina con amor en el aula,* Pax-México, México, 2014.

_____, *Disciplina con amor para adolescentes,* Pax-México, México, 2008.

_____, *Disciplina con amor tus emociones,* Pax-México, México, 2014.

Braiker, Harriet, *La enfermedad de complacer a los demás,* Ed. EDAF, España, 2000

Gardner, Howard, *Inteligencias múltiples: la teoría en la práctica,* Basic Books, Nueva York, 1992

Golden, Bernard, *Healthy Anger,* Oxford University Press, Nueva York, 2003

Goleman, Daniel, *El cerebro y la inteligencia emocional, nuevos descubrimientos,* Ediciones B, Barcelona, 2012

Hawk, Red, *Self Observation, the awakening of conscience, an owner's manual,* Hohm Press, Prescott AZ, 2009

Katherine, Anne, *Cuando se atraviesa la línea: cómo establecer límites en las relaciones,* Ed. Edaf, Madrid, 2003

Mckay, Matthew y Rogers, Peter, *The Anger Control Workbook,* MJF Books, Nueva York, 2000

McGonical, Kelly, *Autocontrol,* Urano, España, 2012

Steiner, Rudolf, *El misterio de los temperamentos,* Editorial Antroposófica, Argentina, 1966.

_____, *Discussions with Teachers,* Rudolf Steiner Press, Londres, 1983.

Acerca de la autora

Rosa Barocio es una conferencista internacional que se interesa y profundiza en temas relacionados con la educación y el desarrollo humano. Es Licenciada en Educación Preescolar, diplomada en Educación Montessori y en Educación Waldorf.

Es maestra y madre de dos hijos; tiene más de treinta años de experiencia trabajando con niños, capacitando maestros, dirigiendo y asesorando escuelas y orientando a padres de familia.

Actualmente radica en Puebla y se dedica a impartir conferencias y talleres en diversas instituciones educativas y empresas en México y en el extranjero.

Ha publicado cuatro libros más en esta casa editorial, *Disciplina con amor* que es un bestseller, *Disciplina con amor para adolescentes*, *Disciplina con amor en el aula* y *Disciplina con amor tus emociones* (en la edición anterior *Explora tus emociones para avanzar en la vida*).

Para contactarla:

www.rosabarocio.com
oficina@rosabarocio.com

Esta obra se terminó de imprimir
en marzo de 2014, en los Talleres de

IREMA, S.A. de C.V.
Oculistas No. 43, Col. Sifón
09400, Iztapalapa, D.F.